Inhalt

Vorwort

Vor 50 Jahren war ich Stipendiat der Wittenberg University in Springfield (USA). Neben Psychologie, Soziologie und solider lutherischer Theologie habe ich dort auch an einem Kurs im Schnell-Lesen teilgenommen. Bis heute bin ich dankbar für das dabei Eingeübte. Das gilt besonders beim Überfliegen der Tages- und Wochenzeitungen. Beim Bibellesen jedoch ist es anders. Da macht schnelles Lesen oberflächlich. Das elementare, tief gehende Lesen habe ich neu gelernt in Zeiten, die mir Gott geschenkt hat. Dabei sind die Beiträge dieses Buches entstanden.

In der heutigen Christenheit wirken diese Beiträge wahrscheinlich wie Fremdkörper. Denn viele erklären heute das, was unaufgebbare Grundlage des Christenglaubens ist und bleiben muss, zur fundamentalistischen Sonderansicht. Das aber darf so nicht weitergehen! Die Substanz des Christenglaubens darf nicht noch weiter abschmelzen! Es muss vielmehr festgehalten werden, was unaufgebbar ist.

Lange haben viele Menschen, und zwar mehr als die Verantwortlichen in den obersten Etagen der Kirchen ahnten, gehofft: »Die Bischöfe und Synoden müssen diesem Treiben doch endlich Einhalt gebieten! Es muss doch endlich mal gesagt werden: ‚Schluss mit dem Ausverkauf des Glaubens!‘« Doch darauf hat man vergeblich gewartet. Muss man sich also damit abfinden, dass die Konturen des Christenglaubens immer weiter abgehobelt werden? Was sollen denn die Christen tun, die genug haben von der allgegenwärtigen christlichen Betriebsamkeit, die mit verschwommener Religiosität verziert ist?

Im Jahr 1938 hatte ich gerade Schreiben gelernt. Der Leiter unserer damals erstaunlich stark besuchten Sonntagsschule in Stuttgart gab den Hunderten von Kindern die Aufgabe: »Zeichnet eine Wetterfahne; die schönste wird prämiert. Wichtig ist, dass ihr in großen Buchstaben drunterschreibt: ‚Ich will keine Wetterfahne sein!‘« So hat jener Stadtmissionar Vogelgsang uns mitten im damaligen Bekenntniskampf der Christen eingeimpft: »Lasst euch doch nicht vom Wind des Zeitgeistes bewegen und umtreiben!«

Diesen Impuls möchte ich auch heute weitergeben. Christen sollen die Überzeugung gewinnen: »Ich will keine Wetterfahne sein!« Allem, was mich in Gleichgültigkeit einlullen möchte, will ich mein »Basta!«, mein »Schluss damit!« entgegensetzen. Ich will gegen den Strom schwimmen. Die so stark gewordene Strömung frommer Friedlichkeit soll mich nicht mitreißen. Ich möchte den Mut haben, bewusst anders zu sein!

Von einzelnen Bekennern kann neues Leben ausgehen. Von einzelnen Christen, die nicht wie Blätter im Wind sind. Von einzelnen Menschen, die das wiedergewinnen wollen, was doch eigentlich für alle Christen und für die ganze Christenheit unaufgebbar ist.

Im Schnell-Lesekurs wurde ich im Übrigen auch gelehrt: »Wer wissen möchte, was der Inhalt eines Buches ist, kann es sich leicht machen. Auf den Innenseiten des Schutzumschlages steht meist schon das Wesentliche. Außerdem teilt der Autor oft schon im Vorwort mit, was er in seinem Buch auszuführen gedenkt.« Genau das will ich vermeiden. Vielmehr möchte ich mit jedem der folgenden Kapitel einzelnen Mitchristen Mut machen, dem schleichenden Ausverkauf biblischen Glaubens zu widerstehen.

Rolf Scheffbuch, Korntal

1 Gott erkennen!

Worauf Gott eigentlich aus ist

Was will Gott wirklich? In allen Religionen wird unzähligen Gottheiten Opfer gebracht. Ich erinnere mich lebhaft an ein indisches Heiligtum, welches ich einmal besucht habe. Die Anbetenden sanken knietief ein in das zerflossene Fett, das als Opfer dargebracht wurde. Am Rand stand auch eine offensichtlich arme Frau. Voll heiliger Scheu goss auch sie ihre karge Gabe aus: eine mit Öl gefüllte Schale. Aber will Gott denn so etwas?

Wollte Gott denn die Hunderte von Menschenopfern, die noch vor 150 Jahren in Kumasi (Ghana) der Gottheit dargebracht wurden? Wollte Gott die Kreuzzüge? Fromme Leute hatten zu ihnen aufgerufen – mit der Parole »Gott will es!«? Hatte Gott (oder etwa Allah?) Wohlgefallen daran, dass muslimische Selbstmordattentäter in religiösem Fanatismus das World Trade Center zum Einsturz brachten?

Nun werden Sie wahrscheinlich sagen: »Nein, so etwas will Gott natürlich nicht.« Ein solcher Satz scheint uns selbstverständlich zu sein und geht uns Menschen leicht über die Lippen. Doch woher wissen wir das so genau? Oder anders gefragt: »Worauf ist Gott denn wirklich aus? Was will er eigentlich von uns?«

Hat Gott etwa Freude an dem, was heute in Deutschland religiös praktiziert wird? Es liegt ja auch bei uns viel Religiös-Gefühliges in der Luft. Mit dem Eingreifen von Engelmächten wird gerechnet wie schon lange nicht mehr. Eigenartige »Segnungen« sind en vogue. Trendforscher rechnen damit, dass bald auch bei uns die Parole gang und gäbe sein wird: »You have to have religion!« Politiker und Manager haben zum Beispiel keine Hemmungen mehr, sich in Buchbeiträgen zum Thema »Meine Bibel« zu outen – egal, wozu dabei die Bibel missbraucht wird. Die Werbung setzt auf religiöse Begriffe, auf religiöse Symbole, auf religiös-stimmungsvolle

Hintergrundmusik. Und eine merkwürdig breite Öffentlichkeit steht der Idee einer weltweiten Vereinigung der Weltreligionen positiv gegenüber.

Diese neue Religiosität benutzt dabei auch christliche Begriffe. Sie verwendet christliche Symbole. Sie zitiert Bibelworte. Damit wird der Eindruck erweckt: »Das ist es doch, was Gott will! Das ist es doch, woran Gott Freude haben kann!«

Aber will denn Gott wirklich diese Religiosität? Will er diese Segnungen? Hat er Freude daran, dass irgendwelche Schutzengel als wichtiger, mächtiger und vertrauenswürdiger angesehen werden als sein Sohn Jesus? Gott hat doch seinem Sohn das Monopol zum Retten gegeben! Ist Gott denn wirklich daran interessiert, dass Jesus mit anderen Religionsstiftern den Anspruch »Ich bin die Wahrheit« (Johannes 14,6) teilen muss?

Mitten im Zentrum der Christenheit ist unklar geworden, was Gott eigentlich will! Ja, sogar mitten in den Kirchen ist das in Vergessenheit geraten. Die eigentlichen Konturen des Christenglaubens sind bis zur Unkenntlichkeit abgeschmirgelt. Übrig geblieben sind oft nur noch ein paar tröstliche Bibelworte (von denen derzeit besonders das Wort aus Psalm 91,11f hoch im Kurs steht: »Der Herr hat seinen Engeln befohlen über dir, ... dass sie dich auf den Händen tragen«). Übrig geblieben sind ein paar kirchliche Rituale. Übrig geblieben ist viel dankbares Delektieren an konzertreifer Kirchenmusik. Übrig geblieben ist die Parole »Seid tolerant!«, denn Toleranz wird mit praktizierter Nächstenliebe verwechselt. Und der biblische Satz »Gott ist Liebe« (1. Johannes 4,16) wird so umgedreht, dass letztlich daraus wird: »Wo Liebe ist, da ist Gott!«

Gott aber kann machen

»Gott sah an alles, was er gemacht hatte, siehe, es war sehr gut!« (1. Mose 1,31). Das ist auf den ersten Seiten der Bibel zu lesen. Und auf der letzten Seite der Bibel ist der Nachhall der göttlichen

Stimme zu finden: »Siehe, ich mache alles neu!« (Offenbarung 21,5). Gott kann und Gott will *machen*!

Üblicherweise macht die menschliche Religiosität daraus das Gegenteil. Gott soll von seinem himmlischen Thron aus voller Genugtuung zusehen, wie ihm von Menschen eine Freude gemacht wird. Er soll sich darüber freuen, dass Menschen sich rechtschaffen bemühen, den Nächsten zu lieben und tolerant, selbstlos, religiös gestimmt zu sein. Aber Gott ist kein Wertungsrichter, vor dem Menschen *ihre* Kür aufführen. Er ist doch der Schöpfer, der Handelnde ohnegleichen! »Von ihm und durch ihn und zu ihm sind alle Dinge« (Römer 11,36)! Es ist Gottes Lust, Recht und Gerechtigkeit zu praktizieren. Gott hat Freude daran, Barmherziges zu wirken, Neues zu schaffen, Zerbrochenes wieder ganz zu machen (vgl. Jeremia 9,23; Hosea 6,6).

Bischof Festo Kivengere (1919–1988) hat folgende Begebenheit erzählt: »Was hat Gott denn eigentlich nach dem siebten Schöpfungstag gemacht?«, so fragte ein Mädchen in einer Dorfhütte im südlichen Uganda seine Mutter. Die Mutter war sprachlos. Bevor sie jedoch antworten konnte, sprudelte es aus dem Mädchen heraus: »I know, he is mending broken things.« (»Ich weiß: Er flickt wieder zusammen, was zerbrochen ist.«)

Nur zu leicht vergessen gerade religiöse Menschen, dass Gott ein »Macher« ist. Wie bedauerlich! Denn Gott wird am besten dadurch geehrt, dass man ihm entscheidendes *Machen* zutraut. In zurückliegenden Jahren hatte mich permanent die Frage begleitet: »Wenn die offizielle Kirche weithin so ohne jedes Feuer ist, was muss denn dann getan werden? Was muss *ich* tun? Was sollen wir Evangelikalen eigentlich alles *noch* zusätzlich machen? Einen eigenen Rundfunk, einen eigenen Pressedienst, eigene Großtreffen, eigene Missionsgesellschaften, eigene Studenten- und Schülerorganisationen, eigene Ausbildungsstätten, eigene Arbeitshilfen für Kindergottesdienste, für Laienprediger, für Jugendmitarbeiter – das alles haben wir doch schon. Wir haben Vertretungen in den Synoden, Denkschriften sind in Fülle erschienen, Unterschriftensammlungen wurden durchgeführt, Proteste sind verlautbart worden. Das alles haben wir doch schon getan! Was sollen wir denn eigentlich sonst noch tun?«

Damals schrieb ein Freund, der bei einer meiner vielen Sitzungen das Protokoll führte, mit Bleistift an den Rand: »Lieber Rolf, lässt du eigentlich dem lieben Gott auch noch etwas zum Machen übrig?« Seitdem stelle ich mir eine andere Frage: »Wissen denn wir, die wir Gott ernst nehmen möchten, dass gerade und zuerst *er* es ist, der Entscheidendes wirken, machen, gestalten, prägen, abschleifen, wachsen lassen möchte?«

Gott kann *machen*. Und er will *machen*. Das ist eine Zentralaussage der Bibel. Man kann sie über der eigenen Aktivität nur zu leicht vergessen. Man kann sie auch vergessen vor lauter Hickhack innerhalb der Christenheit. Erst recht kann man sie vergessen über der so überflüssigen innerevangelikalen Splitterrichterei, ob denn diese oder jene Ausbildungsstätte wirklich »bibeltreu« sei. Oder ob dieser oder jener Evangelisationsstil denn wirklich das »Wort vom Kreuz« bezeuge. Oder ob denn auch wirklich klare Bekehrungen angestrebt werden. Der »Balken im eigenen Auge« wird bei solchen Fragen ohnehin meist übersehen. Denn selbst ernsthafteste Christen können noch »ferne vom Herrn« sein, und sowieso hat niemand all seine »Hausaufgaben« gemacht. Schließlich hat Gott noch einiges in petto, was er bei jedem von uns verändern möchte.

Was in der Christenheit von heute wirklich »dran« ist, das könnte man auch aus der Geschichte des Reiches Gottes lernen. Deshalb möchte ich einfach ein wenig aus der württembergischen Reich-Gottes-Geschichte erzählen.

Aus der Geschichte lernen

»Die Kirche ist eben ein confus und unordentliches Ding, dem nicht zu helfen ist.« So lautete die Diagnose des Johann Albrecht Bengel (1687–1752). Immerhin war dieser Prälat der württembergischen Landeskirche, also herausragendes Mitglied der Kirchenleitung. Der große Theologe und Bibelausleger konnte sogar schreiben: »In dieser elenden Zeit sind ganz gewiss die meisten derer, die sich Christen nennen, ein ‚falscher Haufe'!« Heute würden wir formulieren: »Ein solches Christsein ist Etikettenschwindel!«

Auch an der offiziellen Kirche seiner Tage hatte Bengel Schwerwiegendes auszusetzen: Die Predigten seien nicht wie sie sein sollten. Die Pfarrer ließen sich schon als Theologiestudenten von den Leitgedanken der Bibel ablenken und zu menschlichen Vorstellungen hinüberziehen. Die kirchliche Seelsorge sei weithin vollmachtlos. Der Umgang mit der Bibel werde sträflich vernachlässigt. Es bestehe absolut keine Aussicht, den »gantzen rohen Haufen« zu »bessern«. Das »eigentliche« Christentum sei eben zur Nebensache geworden. Man lasse das, »was auf Christus gehe«, als überflüssige Schale weg; stattdessen setze man alles auf eine Religion, mit der »auch Juden, Türken und Heiden sich vertragen können«. Alles sei in Vorbereitung auf eine allgemeine »Vermengerei«.

Was war zu tun? Was wollte Gott in einer solchen trostlosen Situation? Auf was für eine Kirche war denn Gott eigentlich aus? Welche Art von Heilung wollte Gott? Eine ganze Reihe von Heilungsvorschlägen hatte Bengel mitverfolgt und kritisch durchdacht. So auch den Heilungsvorschlag, der seit den Tagen der ersten Christenheit immer wieder gemacht wurde: »Einfach aus der Kirche austreten und eine eigene, wahre Gemeinde des Christus gründen!« Bengel hatte jedoch erschreckenden geistlichen Hochmut bei denen entdeckt, die diesen Weg gegangen waren. Auch ließ er sich aus dem prophetischen Wort der Schrift sagen: »Die eigentliche große Verführungswelle wird auch diese Gemeinschaften mit Wucht überstürmen. Erst im kommenden Endgericht des Menschensohnes Jesus werden die Schafe von den Böcken geschieden.« »Bis dahin laufen Schafe und Böcke immer durcheinander«, also auch mitten in separierten, vermeintlich »wahren« Gemeinden.

Bengel hatte aufgrund seiner biblischen Erkenntnisse sogar starke Bedenken gegen die so genannte »philadelphische Gemeinde«, die

Nikolaus Graf Zinzendorf (1700–1760) propagiert hatte, denn »die Zeit« sei noch nicht »reif« für solch eine Sammlung der wahren Gemeinde.

Auch einen inner-landeskirchlichen Heilungsvorschlag hatte Bengel im Geist durchkonjugiert. Dabei ging es stark um Strukturelles. Das Ziel war dabei, auf Regionen mit bibeltreuen Pfarrern hinzuwirken, also so etwas wie geistliche Inseln innerhalb der Landeskirche zu schaffen. Aber der einflussreiche Prälat leitete diese Überlegung ein mit dem selbstironischen und resignierten Eingeständnis: »Wenn ich ein Kirchenruder zu führen hätte, dann …« Schon damals konnte ein Prälat nicht viel ausrichten. Resigniert klingt auch der Schlusssatz seiner Strukturüberlegung: »Das beschwerlichste wäre hierbey, dass man doch nicht den gantzen Haufen bessern würde.« Also: Man kann eben nicht die ganze Kirche ändern, noch nicht einmal die ganze Pfarrerschaft!

Aus diesem Grund hatte Bengel – so merkwürdig das zunächst erscheinen mag – gewisse Bedenken gegen die Parole von Philipp Jakob Spener (1635–1705): »Mehr Bibel!« Ganz gewiss könne nur Gottes Wort alle Not heilen. Und ganz gewiss seien die von Spener angeregten Privaterbauungszirkel eine überaus erfreuliche Anregung. Aber wenn die »Kirche« und die »Kirchen« zu »mehr Bibel« aufrufen würden, dann würde das letztlich nur zu noch größerer Verwirrung führen. Denn: »Wenn die Kirche kränkelt, dann setzt die Schrift Moder an.« Dann könne also nur verschlammtes Wasser aus den »Brunnenrohren« der Bibelauslegung tröpfeln.

Wie Recht hatte Bengel. Bis heute kann man erleben, wie viel Unehrerbietiges, Konfuses und Bibelkritisches unter das Volk gebracht wird, wenn in einer kränkelnden Kirche die Bibel »ausgelegt« wird. Wenn die Heilige »Schrift Moder angesetzt« hat, dann kann sogar ein »Jahr mit der Bibel« unergiebig werden.

Nüchtern und scharfsichtig konnte Bengel die umfassende Not der Kirche seiner Zeit beurteilen. Trotzdem hielt er nichts davon, das »Verderben und die Unordnung« öffentlich zu brandmarken.

»Gesetzliches Stürmen und Poltern« sei keine Lösung. Vielmehr sei doch die Frage, wie dem Verderben und der Unordnung am besten begegnet werden könne.

Heilung versprach sich Bengel einzig und allein davon, dass die Quelle des Christseins wieder zum Sprudeln kommt. Genauso wie am Anfang der ersten Gemeinde müssten ein paar Menschen Anschluss an Gottes ewiges Leben bekommen. Ein paar Leute wenigstens sollten ganz neu und elementar Gott und seinen Sohn Jesus Christus erkennen. Das war Bengels Ziel. Das wollte er ansprechen mit der Liedstrophe aus seinem Choral »Gott lebet! Sein Name gibt Leben und Stärke«, in der es heißt: »O Seelen, vernehmet den göttlichen Willen! Das Beste, das Höchste, das gibt er so gern. Eröffnet das Herz nur, so wird er es füllen; versuchet's, *erkennet* und lobet den Herrn! Seid ihr noch entfernet, so sehet und lernet, was manche an seinen durchdringenden Gaben, ja selber an ihm, dem Lebendigen, haben.«

Bengel sagte damit nichts anderes als das, was Jesus selbst in den Mittelpunkt gestellt hatte: »Das aber ist ewiges Leben, dass sie dich, der du allein wahrer Gott bist, und den du gesandt hast, Jesus Christus, erkennen« (Johannes 17,3). Das ist das Ziel Gottes: dass es Menschen gibt, die göttliche Realitäten »erkennen«! Solche Menschen, die Gott erkannt haben, könnten dann so etwas wie »Brunnenmacher« sein; so hat es Bengel genannt und gemeint. Sie könnten den Moder aus den Brunnenrohren entfernen und taufrisches Lebenswasser von Gott dann auch an andere Menschen zu deren Belebung weitergeben.

Welch eine Weitsicht! Wie Recht hatte Bengel damit! Wir dürfen bei denen lernen, die Gotteserkenntnis haben. Bei Bengel wurde es dann auch Wirklichkeit, nämlich als bei »einer Handvoll« seiner ehemaligen Denkendorfer Klosterschüler (bei Leuten wie Philipp Friedrich Hiller, Philipp Matthäus Hahn, Magnus Roos, Friedrich Christoph Oetinger) wahr wurde: »Ein paar von Gott Ergriffene können ein Gewürz für das ganze Herzogtum sein!« Denn dies sei nun einmal die »Verfahrensweise Gottes«, »vom Kleinen zum

Größeren« Erkenntnis und Leben wachsen zu lassen. Das ist es, was aus der Reich-Gottes-Geschichte zu lernen ist.

Gott wirklich erkennen

Eine ganze Reihe Christen erhofft sich in unseren Tagen viel von Programmen und Rezepten. Auf dem Markt ist eine unüberschaubar große Menge an Vorschlägen für Gemeindegründung, Gemeindeerneuerung, Gemeindewachstum. In ihnen wird sehr viel erwartet von geänderten Gottesdienstzeiten, von neuen Gottesdienstformen oder von modernen Gottesdienststilen. Das alles soll aus kirchlicher Stagnation heraushelfen. Das ist sicher gut gemeint. Aber seit jeher war vieles Verwirrende eigentlich »gut gemeint.« So halte ich auch solche Therapievorschläge für einen gut gemeinten Schlag ins Wasser. Denn es muss doch mit dem *Inhalt* der Verkündigung der Christen etwas wesentlich anders werden, nicht in erster Linie mit der *Verpackung*. Die eigentliche Frage lautet nicht, *auf welche Weise* das Evangelium am besten verkündigt werden soll, also in welchen Versammlungsräumen, in welchen Gemeindeformen, in welche Begleitprogramme eingebettet. Vielmehr muss auch selbstkritisch gefragt werden: »Ist es denn dem Evangelium angemessen, *was* – sogar von den so genannten Evangelikalen – als ‚Evangelium' angesehen wird?«

Es ist doch keineswegs alles »paletti«, was Evangelikale verkündigen. Denn heutzutage ist es ja eine ganz seltene Wohltat, wenn ein Verkündiger mit fröhlichem Mund Gott so lobt, dass man ihm abspürt: Das ist seines Herzens »Freude und Wonne« (vgl. Psalm 63,6). Wenn Christen wagen, etwas über Gott weiterzugeben, dann muss doch dabei Entdeckerfreude mitschwingen. Es muss doch etwas mitvibrieren von dem geistlichen »Aha-Erlebnis«, das ihnen zuteil geworden ist. Eine gedankenreiche Meditation über ein frommes Problem ist da zu wenig, ebenso ein noch so pointiert formuliertes Essay. Zu wenig ist selbst eine pädagogisch versierte Darlegung darüber, was der Verfasser denn mit diesem oder jenem Bibelabschnitt vermutlich gemeint haben könnte. Es muss doch darüber hinaus gewiss machend und Glauben weckend zu spüren sein: »Ich habe etwas von der Herrlichkeit Gottes erlebt! Das kann und das darf ich nicht für mich behalten! Darüber müsst doch auch ihr euch mitfreuen!«

Das ist von mir kein kühner Traum, keine überspannte fixe Idee. »Sie sollen mich erkennen«, das ist Gottes eigentliche Absicht (vgl. Jeremia 31,34). »Erkennt, dass der Herr Gott ist« (Psalm 100,3)! Das ist es, was Gott eigentlich will: Menschen sollen Gottes Herrlichkeit erkennen! »Gott *will*, dass allen Menschen geholfen werde und sie zur *Erkenntnis* der Wahrheit kommen« (1. Timotheus 2,3ff).

Möge dies doch ganz neu ein heiliges Anliegen all derer werden, die das Vorrecht des Verkündigens haben – bis hin zu den Familienvätern und den Mitarbeiter(inne)n im Kindergottesdienst: »Lehr uns den Vater kennen schon, dazu auch seinen lieben Sohn! O Heiliger Geist, o heiliger Gott!«

Der einflussreiche jüdische Rabbi Maimonides (1135–1204) prägte einmal einen eindrücklichen Vergleich. Mit dem Erkennen Gottes sei es wie mit einem gewaltigen Berg, der in der Ferne aufrage. Viele lassen es dabei bewenden, diese eindrückliche Erhebung aus weiter Ferne ehrfürchtig zu bestaunen. Andere jedoch gehen näher auf den Berg zu, fasziniert von seiner Majestät. Sie entdecken dann beim Näherkommen: Auf der Höhe des Bergmassivs steht ja ein imposantes Schloss mit Mauern und Türmen und Toren! Einige wollen es noch genauer wissen. Sie besteigen den Burgberg bis zur Zugbrücke. Vor lauter Scheu wagen sie es jedoch nicht, noch weiter zu gehen. Sie meinen, sie hätten jetzt das Wichtigste doch schon gesehen. Dabei wartet drinnen im Festsaal der Schlossherr. Er sehnt sich danach, die Besucher willkommen zu heißen und sie zu bewirten. Ähnlich, so meinte Maimonides, sei die Tragik bei vielen Menschen, dass sie gar nicht dazu kommen, Gott persönlich kennen zu lernen. Wie schade!

Maimonides hatte schon Recht mit diesem Gleichnis. Gott hat sich weder versteckt noch verbarrikadiert. Im Gegenteil! Er macht auf sich aufmerksam. Er möchte, dass Menschen sich zu ihm hingezogen fühlen. Ja, es ist seine Sehnsucht, dass Menschen zu ihm kommen. Gott will nicht verbergen, was die Menschen an ihm haben könnten. Vielmehr wünscht sich Gott so sehr, dass wir Menschen zur Erkenntnis kommen.

Wie ein solches Erkennen aussehen könnte

Was könnte auch zu unserer Zeit Großes geschehen, wenn Menschen nach solchem Erkennen streben würden! Am Anfang der so vieles umwälzenden Reformation wurde Martin Luther Durchblick geschenkt: zuerst auf den wahren Sinn eines Bibelwortes, über das er sich bis dahin geärgert hatte. Aber es war weit mehr als eine bloß exegetische Erkenntnis. Es war ein Durchblick auf das wahre Wesen Gottes: Gott sitzt doch nicht auf einem Richterstuhl, um kritisch zu prüfen, ob auch alles in unserem Leben ordnungsgemäß verlaufen ist. Vielmehr will Gott im Leben von Gescheiterten heilige Ordnung schaffen, wirken, machen! Verstehen wir, warum Luther bekannt hat: »Ich fühlte mich, als ob ich eingetreten wäre in die Pforten des Paradieses«? »Gott kann machen«, das war die reformatorische Erkenntnis!

Zu Gottes »Machen« gehört es vorrangig, dass er Menschen Erkenntnis schenkt. Nikolaus Graf Zinzendorf durchlief einmal eine merkwürdige Phase. Er wollte die Gottesdienste der Herrnhuter Brüdergemeine viel lebendiger gestaltet haben, viel spontaner, viel – wie er meinte – »geisterfüllter.« Manche haben ihn gewarnt. Aber das hat ihn nur noch darin bestärkt, mehr Farbe in die Gottesdienste einzubauen, mehr Tänzerisches, mehr Musik, mehr Schmuck und Dekoration. Aber dann kam ein Tag, an dem Gott ihn ganz persönlich erkennen ließ: »Das ist ja alles Nonsens!« Daraufhin hat er auch viele der neuen Lieder, die sein Sohn Christian Renatus verfasst hatte, wieder aus dem Gottesdienst verbannt. Zinzendorf hatte erkannt: Das Entscheidende ist und bleibt, dass wir Sünder sind und bleiben und dass wir es dringend brauchen, dass der Erlöser Jesus uns vergibt!

Als vor wenigen Jahren ein Theologieprofessor in den Ruhestand ging, sagte er in einem Rundfunkinterview sinngemäß Folgendes: »Als Neutestamentler war schon allein beruflich die Bibel immer der Mittelpunkt meines Schaffens. Aber erst in den letzten Jahren ist mir wie nie zuvor aufgegangen, was Jesus eigentlich mit ‚Gemeinde' meint, nämlich eine Gemeinschaft von Leuten, die ehrlich ihm gehören wollen. Aufgegangen ist mir auch, was der Kreuzestod von Jesus in sich schließt und wie unverzichtbar das missionarische Zeugnis an Israel ist.« Diesem Professoren-Freund ist es »aufgegangen«, ihm, dessen »tägliches Brot« doch der Umgang mit der Bibel gewesen war. Jedoch die allerschönste Formulierung in jenem Interview lautete: »Ich bin Jesus näher gekommen und Gott ist mir in Jesus näher gekommen!« Halleluja! Gott will, dass es zu Erkenntnis kommt!

Die großen, tröstlichen Choräle der Christenheit spiegeln solches Erkennen wider! Das ist es nämlich, was sie bis heute in bestem Sinn »packend« macht, »authentisch«, überzeugend – sogar selbst dann, wenn ihre Sprache etwas antiquiert klingt.

Da hat etwa Luther entdeckt: »Da jammert Gott in Ewigkeit mein Elend ohne Maßen. ... Er sprach zu seinem lieben Sohn: ... Fahr hin, mein's Herzens werte Kron und sei das Heil den Armen, … errett sie aus der Sünden Not, erwürg für sie den bittern Tod und lass sie mit dir leben!« Elementar ist das, was Paul Gerhardt (1607–1676) entdeckt hat: »Sein Sohn ist ihm nicht zu teuer, nein, er gibt ihn für mich hin, dass er mich vom ew'gen Feuer durch sein teures Blut gewinn. O du unergründter Brunnen, wie will doch mein schwacher Geist, ob er sich gleich hoch befleißt, deine Tief ergründen können?« Wem das alles zu dogmatisch-abstrakt vorkommen mag, der erfreue sich an der Explosion begeisterter Entdeckerfreude: »Ich weiß, dass du der Brunn der Gnad und ewge Quelle seist, daraus uns allen früh und spat viel Heil und Gutes fleußt!«

Meine Vorfahren waren auf der Schwäbischen Alb zu Hause. Dort – in Hülben – finden auch heute noch regelmäßig große pietistische Konferenzen statt. Da ist der »Rednertisch« meist »reich gedeckt«

mit Leuten, die auf Bibelschulen oder sogar theologischen Fakultäten geschult worden sind. Aber wenn der Fabrikarbeiter aus Metzingen und der Orthopädieschuhmachermeister aus dem Blautal ihre Beiträge vorgetragen haben, habe ich immer wieder beschämt erkennen müssen: »Die haben's ‚geblickt'! Die haben etwas vom Geheimnis Gottes geschaut! Darauf bin ich mit all meinem theologischen Rüstzeug noch gar nicht gekommen! Die haben sozusagen so etwas wie einen sechsten Sinn, mit dem sie erkennen, was uns von Gott geschenkt ist. Mehr noch: Sie haben ein Gespür dafür, den wahrhaftigen Gott zu erkennen! Davon können sie dann – auch ohne große rhetorische Kunstfertigkeit – überzeugend reden!«

Packend kann man ja nur von dem reden, von dem man selbst gepackt ist. Das ist ja schon in der ganz normalen Welt so, nicht erst bei göttlichen Geheimnissen. In Ulm, wo ich lange leben durfte, gibt es eine ganze Seilschaft exzellenter Stadt- und Münsterführer. Eine Frau unter ihnen ist jedoch herausragend. Sie kann sich deshalb kaum retten vor Anfragen und Anforderungen, Führungen zu übernehmen. Denn mit ihren Erklärungen reißt sie sogar desinteressierte Besucher mit. Dabei liegt ihr Erfolgsgeheimnis nicht in rhetorischen Knalleffekten oder besonderen pädagogischen Tricks. Das, was sie so anziehend macht, ist: Sie spricht von der Kathedrale immer als von »ihrem« Münster. An diesem hochragenden Gotteshaus entdeckt sie selbst noch nach Jahrzehnten der Führungen immer wieder Neues, Faszinierendes, bisher Unbeachtetes. Es ist ihre Entdeckerfreude, die die Menschen packt.

Vor kurzem durfte in unserer Korntaler Brüdergemeinde ein junger Absolvent des Theologiestudiums die Predigt halten. Man spürte ihm seine Aufregung ab, die Predigt geriet dann auch erfrischend kurz. Aber nachher war einhellig das Urteil – obwohl wir Hörer sonst eher tief schürfende, wohl vorbereitete Predigten gewohnt sind: »Das war eindrücklich!« Der junge Prediger hatte nämlich davon erzählt, was ihm im Kolosserbrief aufgegangen war. Er zählte einfach die Verben auf, mit denen dort das Tun des universalen Herrn Jesus Christus beschrieben ist – und darüber spürte man ihm ab: »Das ist mir aufgegangen! Das habe ich erkannt! Das hat sich mir erschlossen! Das hat mir der lebendige Gott zugeteilt! Ich habe nicht einfach nur aus einem Kommentar abgeschrieben, dass Jesus annimmt, befreit, begnadigt, beruft, beschenkt, bestärkt, erkauft, erlöst, ermutigt, erneuert, heiligt, reinigt, rettet, segnet, trägt, tröstet, würdig macht, versöhnt!«

Das ist der Himmel auf Erden, das ist Anbruch des ewigen Lebens, wenn Gott vertrauensvoll mit Menschen redet, wenn sie seine Nähe erfahren, wenn sie sein Wesen, seine Liebe, seine Absichten erkennen! Wenn sie begreifen, dass es für Gott keine größere Freude gibt, als wenn ein Mensch aus der Fremde heimkehrt zu Gott. Es kann Menschen bewusst werden, dass Gott nichts so sehr ersehnt wie den Glauben, der ihm auf das Wort hin vertraut. Menschen kann bewusst werden – ohne langes Diskutieren, auch ohne lange moralische Gardinenpredigten –, woran Gott Freude hat. Menschen können staunend erfahren, dass sie von Gott »gelehrt« werden, was denn das Gute, das Vollkommene und das Gerechte ist.

Wir sollen Gott fürchten und lieben

Eine Not unserer Tage besteht im ethisch-moralischen Durcheinander. Der eigentliche Grund für dieses Durcheinander liegt darin, dass Menschen Gott nicht mehr kennen. Weil sie Gott nicht kennen, nehmen sie ihn auch nicht ernst. Schon der Prophet Hosea konstatierte: Wo die Priester nicht mehr die Erkenntnis Gottes lehren, da geht ein ganzes Volk vor die Hunde. Der »Priesterkaste« also kreidete Hosea an, dass es »keine Erkenntnis Gottes mehr im Lande« gebe (Hosea 4,1.6). Gegen dieses Defizit müssen wir auch heute angehen! Denn das Manko der fehlenden Gotteserkenntnis ist doch der Grund für die ganze Verwirrung ethischer Maßstäbe!

Wie oft wurde etwa innerkirchlich geradezu peinlich entschuldigt, dass Luther die Auslegung der Zehn Gebote jeweils eingeleitet hat mit der Formel »Wir sollen Gott fürchten und lieben.« Gott »fürchten« zu sollen erscheint selbst vielen Christen unangemessen. Aber aus welchem Grund sollte irgendein Mensch eigentlich Gottes Ordnungen einhalten, wenn er Gott nicht mehr respektiert? Luther hatte begriffen: Wer keinen Respekt mehr vor Gott hat, hat noch nicht das Mindeste von Gott erkannt. Der Respekt vor Gott war es, an dem er auch die Schwärmer seiner Tage gemessen hat. Sie hatten sich damit gebrüstet, dass sie zu den letzten Geheimnissen Gottes vorgedrungen seien. Luther jedoch konterte: »Mit Gottes heiliger Majestät kann man nicht vertraulich plaudern!« Gott will auch in seiner Heiligkeit erkannt sein! Nur so wird auch das respektiert, was er will.

Gott will doch, dass es zum Erkennen, also zu »Aha-Erlebnissen« kommt, nämlich beim Lesen und Hören seines Wortes. Oder beim Bitten: »Gott, lass mich erkennen, wie du über mich denkst!« Oder beim innehaltenden Selbstprüfen: »Wo habe ich mich bisher gegen das Erkennen Gottes gesperrt? Wo war ich zu unaufmerksam? Wo und wie habe ich mich ablenken lassen? Was ist mir denn neu über Gott aufgegangen?« Denn es soll doch zur Gewissheit des Heils kommen: »Ja, Gott hat mich angenommen!« Vor allem jedoch soll Menschen aufgehen: So ist Gott!

Es gibt heute eine Flut von Kalenderzetteln und gedruckten geistlichen Besinnungen, bei deren Lesen ich so oft traurig denke: »Ich möchte eigentlich nicht wissen, was damals den Schreiber des biblischen Buches gedanklich beschäftigt haben mag! Vielmehr möchte ich wissen, was der Ausleger denn über Gott neu entdeckt hat!«

Viele Christen haben durch den Essener Jugendpfarrer Wilhelm Busch (1897–1966) Anstöße zum Glauben bekommen, vor allem durch seine Bücher. Der hatte von sich selbst bekannt: »Ich bin erschrocken darüber, wie wirkungslos so manche geistreiche und sorgfältig erarbeitete Verkündigung bleibt. Da bin ich bei solchen Verkündigern in die Schule gegangen, unter deren Verkündigung Glauben aufbrach. Dabei habe ich entdeckt: Sie alle haben sich vor Gott entdeckt in ihrer ganzen Bedürftigkeit, in ihrer ganzen Angewiesenheit darauf, dass Gott Sünder annimmt. Seitdem ist es mir wichtig, beim Hören auf das biblische Wort vor Gott zu stehen, um das Wunder zu bitten, dass er mir seine Gegenwart und sein Reden zuteilt.«

Ich deutete es im Vorwort bereits an: Als ich vor Jahren nach ernster Erkrankung noch einmal aufstehen durfte, traf mich das Wort eines jüdischen Weisen: »Gott gewährt manchen Menschen – besonders im Alter – noch einmal eine Spanne Zeit, damit sie ihn besser erkennen.« Seitdem führe ich ein kleines Büchlein. Überschrieben ist es mit dem Titel »Erkenntnisse.« Das hilft mir, wacher darauf zu achten, was Gott mich erkennen lassen möchte.

Das persönliche Christsein, ja sogar das traditionsreiche Christentum als Ganzes wird nur dann Zukunft haben, wenn Menschen wieder in eine ganz neue elementare Gottes-Unmittelbarkeit hineinkommen. Es ist doch ein schlechter Witz, zu meinen: »Wichtig ist, was *ich* von Gott halte!« Denn ausschlaggebend ist doch allein das, wer und wie Gott wirklich ist. Darum ist es so wichtig, die Chance wahrzunehmen, Gott zu erkennen. Gott ist es doch, der will, dass Menschen ihn erkennen! Dieser »Ruf zur Geschäftsordnung«, dieser »Ruf zur Sache« gilt in erster Linie denen, die ernsthaft Christen sein wollen. Zugleich ist dieser Ruf »Erkenne Gott!« eine Einladung weit über den engen Kreis derer hinaus, die »praktizierende Christen« sind.

Jesus Christus erkennen

Es soll kein einziger Mensch verpassen müssen, zu erkennen, was Gott denn eigentlich will. Gott will, dass Menschen Jesus Christus kennen lernen, den Retter. Unsere Welt ist zu chaotisch, als dass die Menschen mit ein paar religiösen Bruchstücken wirklich bestehen könnten. Jesus ist stärker als alle dämonischen Mächte. Über ihm hat Gott im Originalton ausgerufen: »Das ist mein lieber Sohn, an dem ich Wohlgefallen habe; den sollt ihr hören« (Matthäus 17,5)!

Es wird viel zu häufig gefragt: »Wie kann denn die Kirche mehr Aufmerksamkeit wecken?« Und: »Wie können die christlichen Versammlungsangebote stärkeren Zulauf bekommen?« Solche Fragen mögen ihr Recht haben, aber nur dann, wenn die dahinter stehende Grundfrage lautet: »Wie können Menschen zum Glauben an Jesus finden?« Oder: »Wie können Menschen in den Einflussbereich von Jesus versetzt werden?« Kurz: »Wie können sie in den Himmel kommen?«

Der Retter Jesus wurde doch von Gott aus den Toten herausgerufen. Gott war es, der uns Menschen den Christus Jesus als sein nicht zu überbietendes Angebot unübersehbar hingehalten hat. Vor den Augen der dem Tod verfallenen Menschen hat Gott deutlich gemacht: »Auf diesen Jesus kommt es an! Der ist wichtig! Auf den kann ich als Gott nicht verzichten! Auf den sollt auch ihr Menschen nicht verzichten müssen! An diesen Jesus sollen sich Menschen im Leben und erst recht im Tod halten können!«

Das ist es, was Gott eigentlich will! Gott hat diesem Jesus unüberbietbare Vollmachten übergeben, »*damit* sie alle den Sohn ehren, wie sie den Vater ehren. Wer den Sohn nicht ehrt, der ehrt den Vater nicht« (Johannes 5,23). Mit diesen klaren Worten hat Jesus darüber informiert, was denn Gott *eigentlich will.*

Seit ihren Anfängen war es das Kennzeichen der Christenheit, dass sie den Christus Jesus als »Herrn«, also als »Jahwe«, als Gott, angerufen hat (vgl. 1. Korinther 1,2). Heute trifft man es immer häufiger an, dass in gottesdienstlichen Gebeten »Gott« ganz allgemein angerufen wird. Erstaunlich! Gott wird nur selten noch als Vater von Jesus angerufen, noch seltener als »Herr« oder »König« oder »Erlöser«, sondern bewusst eben als »Gott«, der in dieser Formulierung womöglich auch »Mutter« sein könnte. Darum wird oft auch jeder maskulin klingende Relativanschluss (»*der* du...«) sorgsam vermieden.

Noch erschreckender ist jedoch die eigenartige mächtige Geistesströmung, welche den Namen des Christus Jesus auf die Seite spült. Statt den Namen des Erlösers »Jesus« zu nennen, wird so oft nebulös vom »Glauben« oder von der »Kirche« gesprochen. Nach Gottes klarem Willen ist es jedoch Jesus, der rettet. Glaube gibt es schließlich auch in solchen Religionen, die Jesus die Ehre versagen. In einem Fortbildungs-Seminar für kirchliche Mitarbeiter erlebte ich, wie ein Teilnehmer an den Ausführungen des Referenten herummäkelte: »Sie reden immer von Jesus, Jesus, Jesus! Was kann denn dieser Jesus, das nicht auch wir genauso gut tun können?!« Es ist mir unvergesslich, wie Dr. Werner Jentsch seelsorgerlich darauf antwortete: »Danke für die Frage, was allein Jesus kann! Jesus kann ein Leben frei von Schuld machen, er kann ein Leben neu machen, er kann im Tod seine Leute festhalten, und er allein kann die neue Welt Gottes bringen!«

Zu einem jungen Pfarrer wurde unlängst gesagt: »Sie reden so viel von Jesus! Das ist zwar ganz gut, weil unsere Russlanddeutschen darauf warten. Aber eigentlich genügt doch ‚Gott'! Außerdem verärgern wir mit dem Gebet zu Jesus Christus, dem Sohn Gottes, die Muslime, erst recht unsere jüdischen Mitbürger!«

Wenn so großzügig auf Christus verzichtet wird, dann blockiert sich auch eine »Christenheit« alle Zukunft. In früheren Jahrhunderten hat man noch gewusst: Es ist Beleidigung der hohen Majestät Gottes, wenn man Jesus nicht ehrt als »Sohn Gottes«, als den »Gott mit uns.«

Um diese Zusammenhänge muss es Christen doch auch gehen, wenn über das Verhältnis zum Islam gesprochen wird. Denn im Islam wird seit jeher Jesus Christus die Ehre genommen, die ihm zusteht. Wer aber Jesus nicht ehrt, der ehrt auch nicht denselben Gott wie wir Christen. Was wäre das denn für eine merkwürdige »Toleranz«, die zu Lasten der Ehre des Christus Jesus ginge! Gott will, dass Christen erkennen, was sie an Christus haben. Ein langes Leben reicht dazu nicht aus.

Rechte »Christen« sollen doch so »in Christus« sein, in ihm geborgen, von ihm bewahrt, von seiner Gegenwart so umschlossen wie schutzlose, vor Kälte und Angst bibbernde Küken geborgen sind unter den mütterlichen Flügeln der Glucke (vgl. Lukas 13,34). Sie sollen an Jesus so angeschlossen sein, wie die schwache Rebe eingeschlossen und eingewachsen ist in den Weinstock (vgl. Johannes 15,4f). Menschen, die sich Christen nennen, sollen so mit Christus verbunden sein, wie der Kopf als Zentralorgan alle Nerven, Muskeln und Organe steuert (vgl. Epheser 4,15f). »Das aber ist das ewige Leben, dass sie dich, der du allein wahrer Gott bist, und den du gesandt hat, Jesus Christus, erkennen« (Johannes 17,3).

Christen sollen zulassen, dass es dazu kommt: »Ihr gehört Christus, so wie Christus Gott gehört« (vgl. 1. Korinther 3,23)! So organisch, so ungetrennt, so total, so alles durchdringend. In Liebe mit diesem Christus verbunden zu sein, ihn wahrhaft zu lieben (vgl. 1. Korinther 16,22; Epheser 6,24), das ist es, was Gott eigentlich will! In nichts anderem besteht auch der wahre Christenglaube.

Aus der Verbundenheit mit Christus folgt dann – hoffentlich! – alles, was Gott sonst noch will: die Heiligung des ganzen Lebens etwa (vgl. 1. Thessalonicher 4,3) oder die Dankbarkeit (vgl. 1. Thessalonicher 5,18) oder auch, dass Christen mit guten Taten »den törichten Menschen das Maul stopfen« (vgl. 1. Petrus 2,15).

Das Eigentliche jedoch, auf das Gott aus ist, hat er durch seine Boten ausrichten lassen, nämlich dies eine: »Ich will mich von euch finden lassen« (Jeremia 29,14). Das ist es, was Gott eigentlich will!

Ich will keine Wetterfahne sein! Ich möchte mich nicht verwirren lassen von dem, was andere von Gott halten. Ich selbst will Gottes Wirklichkeit erkennen – noch viel mehr als bisher!

2 Bewusst tiefer graben!

Die Schürfrechte wahrnehmen

Schätze von »Weisheit und Erkenntnis« sind »in Christus verborgen« (vgl. Kolosser 2,3). Schätze von Lebenskraft und Gewissensentlastung, von Angstbefreiung und von Hoffnung warten darauf, entdeckt, zu Tage gefördert und unter die Leute gebracht zu werden. Aber dazu muss man tiefer »schürfen.« Man muss diese Schätze entdecken und heben wollen!

Johann Albrecht Bengel hat einmal geklagt: »Früher hat man tiefer gegraben. Es war ein größerer Ernst da!« Welch ein erhebender Augenblick war es für ihn persönlich, als er über gründlichstem Studium der Bibel die Gewissheit bekam: Gott hat mich in der Abgeschiedenheit des Ortes Denkendorf geradezu in den Mittelpunkt der Gottesgeschichte gestellt, um ungeahnte Einblicke in Gottes Wort und in den Verlauf seines Wirkens in der Welt zu bekommen! Bengel hat dann mit seinem noch nach 200 Jahren benutzten Auslegungswerk »Gnomon« (= »Fingerzeig«) Theologen und auch Laien ermutigt, solchen Fährten nachzuspüren.

Die Wahrheit, die Christus in die Welt gebracht hat, liegt eben nicht offen zu Tage. Sie ist keine Binsenweisheit. Sie ist schon gar nicht deckungsgleich mit dem religiösen Empfinden des durchschnittlichen Menschen. Vielmehr gilt, was Jesaja, der große Prophet Israels, klassisch so in Worte gefasst hat: »Was kein Auge gesehen hat und kein Ohr gehört hat und was in keines Menschen Herz gekommen ist, das hat Gott denen bereitet, die ihn lieben; ihnen hat Gott es geoffenbart« (Jesaja 64,3; vgl. auch 1. Korinther 2,9f).

Der schwäbische Prälat Dr. Karl Hartenstein (1894–1952) war ein einflussreicher Missionstheologe und viel beachteter Bibelausleger. Er war einer der Vordenker der jungen EKD und der damals gerade beginnenden ökumenischen Bestrebungen. Schon in meiner Jugendzeit fiel mir bei Dr. Hartenstein auf, wie oft er in die versammelte Hörerschar hineinrief: »Gemeinde, Geheimnis!« So wollte er auch für Ungewohntes Aufmerksamkeit wecken. Hartenstein wollte sich eben nicht damit zufrieden geben, die Christuswahrheit popularisiert, also mundgerecht verdünnt und dazu noch oberflächlich dargeboten bekannt zu machen. Vielmehr wollte er das Faszinierende und auch das Anspruchsvolle der Jesusbotschaft herausstellen. Seinem Verkündigen in Predigten, Bibelstunden und Publikationen spürte man ab, dass er sich durch Jesus erschließen ließ, was dem normalen Menschen verhüllt bleiben muss. Hartenstein hat auch viele andere Christen ermutigt, ihre »Schürfrechte« besser als zuvor wahrzunehmen. Schließlich ist uns durch Jesus auch gezeigt worden, wo der Weg dorthin entlanggeht: »Niemand kennt den Vater als nur der Sohn und wem es der Sohn *offenbaren* will« (Matthäus 11,27). »Niemand hat Gott je gesehen; der Eingeborene, der Gott ist und in des Vaters Schoß ist, der hat ihn uns verkündigt« (Johannes 1,18).

Staunenswerte Erkenntnisse sind also möglich! Nun kann wahr werden, dass Gott »im Geheimen Weisheit kundtut«, weil ihm Wahrheit gefällt, »die im Verborgenen liegt« (Psalm 51,8). Jesus hat Gottes Wesen *erkennbar* gemacht. Jesus hat Gottes Wesen an seiner eigenen Person aufleuchten lassen (»Wer mich sieht, sieht den Vater«, Johannes 14,9). Jesus hat Gottes Wesen mit den so anschaulichen Himmelreichsgleichnissen geschildert. Sie erzählen vom Wesen Gottes etwa im Bild eines Sämanns, eines gastgebenden Königs, eines gütigen Vaters, eines besorgten Hirten, aber auch im Bild eines brüskierten Weinbergbesitzers.

Was Jesus damals angefangen hat, das tut er bis heute. »In Christus«, dem zu Gott erhöhten Jesus, können bis heute Menschen »reich gemacht werden in aller Erkenntnis« (vgl. 1. Korinther 1,4f).

Konkret können also Menschen das Geheimnis dessen erkennen, was Gott Freude macht (vgl. Römer 12,1f) und was ihn schmerzt. Erkannt werden kann »das Geheimnis des Reiches Gottes« (Markus 4,11). Denn schließlich ist ja das »Reich Gottes« nicht – wie heute oft behauptet wird – der Inbegriff von Gerechtigkeit, Frieden und heiler Schöpfung. Vielmehr gleicht es einem sehr wenig Erfolg versprechenden Ackerfeld, auf dem es aber dann doch Frucht gibt (vgl. Matthäus 13,1ff). Es gleicht auch einem Schleppnetz mit vielen unbrauchbaren, aber auch mit guten Fischen (vgl. Matthäus 13,47ff). Erkannt werden kann viel vom »Geheimnis der Bosheit« (vgl. 2.Thessalonicher 2,7), aber auch vom Geheimnis des »Stärkeren« (vgl. Lukas 11,22). Erkannt werden kann das »Geheimnis« Israels (vgl. Römer 11,15) und das »Geheimnis«, was mit dem sterblichen Körper beim Wiederkommen des Christus Jesus geschehen wird (vgl. 1. Korinther 15,51). Erkannt werden können geheimnisvolle Zusammenhänge zwischen dem biblischen Alten und Neuen Testament (vgl. Lukas 24,27.44; Johannes 5,39). Man muss sich nur in gespannter Erwartung auf die Suche machen.

Gott möchte so gerne seinen Leuten erschließen, was dem normalen Menschen als Torheit vorkommen muss. Vor allem soll erkannt werden »das Geheimnis Gottes, das Christus ist« (Kolosser 2,2). Gerade da gilt es heute, noch einmal ganz neu tief zu graben!

Das zentrale »Geheimnis«: Christus!

»Was denkt ihr von dem Christus? Wessen Sohn ist er?«, so fragte einst Jesus seine Zeitgenossen (Matthäus 22,42). Wie aus der Pistole geschossen gaben sie die Standardantwort: »Er ist der Sohn Davids!« Jesus jedoch erinnerte sie an den Psalm 110, dessen Verfasser David war. Darin nannte David den kommenden Christus (Messias) »mein Herr.« Wird denn aber je ein Vater seinen Sohn mit »mein Herr« ansprechen? Darum fragte Jesus: »Wie, ist der Christus (Messias) nun eigentlich Davids Herr oder Davids Sohn?« Darauf blieben seine Hörer die Antwort schuldig.

Was wollte Jesus denn mit dieser Frage? Die Antwort ist einfach: Jesus wollte deutlich machen, dass er sich nicht einfach in eine Schublade stecken lässt. Deshalb hat er von sich selbst häufig verhüllt und geheimnisvoll als von dem »Menschensohn« gesprochen.

Er wollte seine Zeitgenossen zum Tieferschürfen anreizen. Sie sollten durchaus fragen: »Wer ist denn dieser Menschensohn?« (Johannes 12,34)

Jesus wollte damals seine Zeitgenossen auf die alttestamentliche Ankündigung stoßen: Es kommt ein überaus Verkannter und Verachteter, der so ganz und gar anders ist als alle sonstigen Menschensöhne (im Luthertext in Jesaja 52,14 wiedergegeben mit »Menschenkinder«). Er wird sich von Gott mit dem uralten Menschheitsschicksal der Schuld beladen lassen und sich so auf das Engste mit den Menschen verbünden. Weil er also Gott gehorsam sein wird, deshalb wird Gott dafür sorgen, dass durch seine Hand Gottes Plan zum sieghaften Ziel geführt werden wird (vgl. Jesaja 52,13 – 53,12).

Bis heute möchte Jesus, dass Menschen »erkennen das Geheimnis Gottes, das Christus ist« (vgl. Kolosser 2,2). »Jesus Christus, der Gekreuzigte«, ist das »Geheimnis Gottes« (vgl. 1. Korinther 2,1f). Im Christus-Geheimnis ist die ganze Weisheit Gottes verborgen (vgl. 1. Korinther 2,7; Kolosser 2,3).

Worin besteht jedoch letztlich das, was hier als »Christus-Geheimnis« benannt wird? Doch nicht nur in dem, dass der verachtete Nazarener Jesus wirklich der »Christus«, der »Sohn Gottes« war und ist. Das war es ja, was Jesus gerade in seinem Prozess vor dem Hohen Rat Israels abgestritten worden war. Aber Gott hat sich zu Jesus als seinem »Christus« bekannt, als er ihn nämlich auferweckt hat (vgl. Römer 1,4). Seitdem ist es kein »Geheimnis« mehr, dass er der »Christus« Gottes ist (vgl. Matthäus 16,20 mit 17,9).

Das »Christus-Geheimnis« besteht auch nicht nur in dem, was die Freunde von Jesus noch nach seiner Auferstehung beschäftigt hatte, indem sie fragten: »Warum musste denn dann Christus leiden?« War das nur eine zufällige, bedauerliche Panne? Wenn nicht, warum in aller Welt war dann diese Demütigung nötig? Auf diese Frage gab der auferstandene Jesus zuerst den Emmaus-Jüngern und dann den übrigen Nachfolgern seine Antwort: Aus der Bibel Israels erklärte er ihnen, dass bei Gottes Segensträgern immer die Leiden der Verherrlichung vorausgehen (vgl. Lukas 24,25ff und 1. Petrus 1,10f).

Das eigentliche »Christus-Geheimnis« besteht in dem, was Paulus lapidar so formuliert hat: »Christus ist Gottes« (vgl. 1. Korinther 3,23). Christus gehört total, wesensmäßig, unteilbar zu Gott. Was er tut, ist vom Vater geprägt. Was er redet, ist verlässliche Gotteswahrheit. Wenn er Sünde vergibt, so geschieht das in Gottes Vollmacht. Jesus kann und will nichts ohne den Vater tun (vgl. Johannes 5,19 ff).

Aber das ist erst die eine Hälfte des »Christus-Geheimnisses.« Denn Paulus hat seine Feststellung über Christus damit begonnen: »Ihr seid des Christus.« Also: Ihr gehört diesem Christus! Und zwar ebenso total, wesensmäßig, unteilbar, und auch ebenso innig, ebenso hundertprozentig, ebenso ungeteilt, wie eben Christus seinem Vater gehört.

Das ist die geheimnisvolle, keiner menschlichen Erwartung entsprechende Würde und Vollmacht des Christus Jesus, dass man ihm »angehören« (vgl. 1. Korinther 15,23; Galater 3,29; 5,24) kann. Man kann Jesus mehr angehören, als wir Menschen unseren Müttern im Mutterleib angehörten, mehr als wir unserer Heimat und unserem Sprachbereich angehören. Darin besteht das eigentliche »Christus-Geheimnis«, dass der Christus Jesus weit mehr ist als eben ein Vorbild, viel mehr auch als ein Impulsgeber. Denn er ist für die Seinen das, was der Mutterleib für das heranwachsende Menschenkind ist, was das Nervenzentrum des Körpers ist für die Glieder und Muskelstränge des Leibes. Als Jesus in seinem Kreuzestod die Verantwortung für Sünder übernahm, wurde diese engste Verbindung des Christus mit denen, die an ihn glauben, in Kraft gesetzt.

Allerdings reichen die Vergleiche und die Möglichkeiten der menschlichen Sprache nicht aus, um dieses »Christus-Geheimnis« plausibel zu machen. So können kritische Geister durchaus anmahnen: »Wie ist es denn nun? Soll Christus in *uns* sein, oder wir in *ihm*?« Die Antwort lautet: »Beides gilt! ‚Bleibet in mir und ich in euch' (vgl. Johannes 15,4f)! So hat Jesus selbst seine Einladung formuliert!«

Das Christus-Geheimnis – das Fundament für den Glaubenden

Paulus sprach von dem Christus-Geheimnis, als er bekannte: »Ich lebe, doch nun nicht ich, sondern Christus lebt in mir« (Galater 2,20). Das war bei ihm keine verquaste Mystik, sondern ein Ernstnehmen von Jesus. Denn Jesus war es, der auf das »mit mir!« höchsten Wert legte (vgl. Matthäus 12,30; Lukas 23,43). Jesus hatte angekündigt: »Mein Vater und ich werden zu dem kommen und Wohnung bei ihm machen, der mich liebt« (vgl. Johannes 14,23). Jesus hatte den Vater um die Verwirklichung gebeten: »Ich in ihnen und du in mir« (vgl. Johannes 17,23). Das war auch die Absicht von Jesus, als er das Mahl eingesetzt hatte. Wer zu ihm gehörte, sollte Anteil bekommen an seinem Leib und an seinem Blut (vgl. Matthäus 26,26-28; 1. Korinther 10,16). Das war nicht nur symbolisch, sondern durchaus real gemeint. Gott hat seinen Sohn »*für* uns alle« dahingegeben; wie sollte er uns *mit* ihm nicht alles schenken (vgl. Römer 8,32)?!

Mit dem allem rechnete Paulus felsenfest. Deshalb konnte er feststellen: »Der herrliche Reichtum des Geheimnisses ... ist nämlich Christus *in euch*, die Hoffnung der Herrlichkeit« (Kolosser 1,18). Jeder Mensch kann »*in Christus*« seine eigentliche Bestimmung und Vollkommenheit erreichen (vgl. Kolosser 1,28). Wer das erkannt hat, der kann danach verlangen: »Ich möchte Christus gewinnen und in ihm erfunden werden. … Ihn möchte ich erkennen« (vgl. Philipper 3,8-10). Wer den Herrn Jesus glaubend »angenommen« hat, der soll auch »in ihm« leben und »in ihm« verwurzelt und gegründet sein (vgl. Kolosser 2,6f). Alles andere ist eben nur »christlich«. Es geht nicht in die Tiefe. Eine bloß traditionelle Christlichkeit ist nur wie eine Tätowierung: vielleicht schön anzusehen, aber sie bleibt an der Oberfläche.

Im Sommer 1951 kam ich nach bestandenem Hebraicum mit stolzgeschwellter Brust zum Ferienort meiner Großfamilie. In der großen Stube des Onkels waren viele Menschen versammelt. Sie begrüßten mich mit wohltuendem Hallo. Aber dann rief mit zittriger Altersstimme ein entfernter Verwandter aus seiner Ecke: »Ich möchte dir auch etwas mitgeben: ‚Die Philosophie suchet, die Theologie findet. Aber das Verbundensein mit Christus hat schon die Wahrheit gefunden'!« Recht hatte er!

Paulus scheute keinen noch so kühnen Vergleich, um das »Geheimnis« solcher Verbundenheit anschaulich zu machen. So verglich er das Verhältnis von Christus zu den Seinen mit einer rechten Ehe (vgl. Epheser 5,25ff). In einer guten Ehe kommt es immer wieder vor, dass Ehepartner lachend einander bekennen: »Was du eben gesagt hast, das wollte ich gerade auch sagen!« In Ehen, wie Gott sie gemeint hat, gibt es über die körperliche Anziehungskraft hinaus eine Gleichgestimmtheit des Denkens und Empfindens. Es gibt das Geheimnis: »Ohne dich kann und will ich nicht mehr leben!« Deshalb sagte Paulus: »Wir sind Glieder des Leibes Christi.« Und dann zitiert er aus dem Alten Testament: »‚Darum wird ein Mann Vater und Mutter verlassen und an seiner Frau hängen, und die zwei werden *ein* Fleisch sein.' Dies Geheimnis ist groß; ich deute es aber auf Christus und die Gemeinde« (vgl. Epheser 5,30ff).

Gute Ehen sind wie Illustrationen dieses Christus-Geheimnisses: Christus bildet mit denen, die sich zu ihm bekennen, eine unauflösliche Schicksalsgemeinschaft. Sie verstehen einander immer besser. Sie werden einander immer ähnlicher. Sie können nur schlecht ohne einander sein! »Christus ist uns gemacht von Gott zur Weisheit und zur Gerechtigkeit, zur Heiligung und zur Erlösung« (1. Korinther 1,30). Der »Christus in uns« kann seine Leute zu einem »Wohlgeruch« in einer verpesteten Umwelt machen (vgl. 2. Korinther 2,14ff); er kann sie vor eigenen Torheiten bewahren; er kann dafür sorgen, dass sie nicht auf Verführung hereinfallen; er kann für sie beim Vater beten, wenn sie selbst keinen Gebetssatz mehr über die Lippen bringen; er kann sogar dort noch etwas aufwachsen lassen, wo sie nur verbrannte Erde sehen; er kann sie Gottes Weg erkennen lassen, so wie er sich selbst vom Vater seinen Weg führen ließ. Wer kann denn schon die Fülle von Erfahrungen ausschöpfen, die Menschen mit dem »Christus in uns« gegeben sind!

In der Christenheit muss dieses »Christus-Geheimnis« immer wieder neu entdeckt werden, gerade weil es ein Geheimnis ist. Auch wenn es normalem Menschenverstand völlig widersinnig vorkommt (vgl. 1. Korinther 2,14 und Kolosser 4,3f), sollten es sich Christen keinen Augenblick madig machen lassen, dass genau diese Verbundenheit mit Christus das ganze Wesen des Christseins ausmacht.

Gott ließ zu Beginn des 19. Jahrhunderts unter katholischen Priestern im bayerischen Schwaben und im Allgäu eine geistliche Erweckung aufbrechen. Ihr Hauptanliegen hatte sie in dem »Christus in uns«: Der Christus, der »*für* uns« sein Leben gegeben hat, will nun als »Christus *in* uns« göttliches Leben wirken. Obwohl diese Allgäuer Priester um den späteren Weihbischof Johann Michael Sailer (1751–1832) und Kaplan Martin Boos (1762–1825) hart von der eigenen Kirche gedemütigt, behindert und verfolgt wurden, wirkte sich ihre neue Erkenntnis belebend aus bis hin zu dem württembergischen Erweckungsprediger Ludwig Hofacker (1798–1828) und seinem Freundeskreis, ja bis hin zum Wirken von Ignaz Lindl (1774–1845) in Bessarabien und von Johannes Gossner (1773–1858) in Sankt Petersburg. Martin Boos schrieb 1811 an die Leitung seiner katholischen Diözese, die ihm das Leben schwer machte:

»Der lebendige Glaube an Jesus Christus ist nicht so allgemein verbreitet, wie man üblicherweise annimmt. Paulus schrieb nicht ungläubigen Weltmenschen, sondern der Gemeinde Gottes in Korinth: ‚Erforscht euch selbst, ob ihr im Glauben steht, ob Christus wirklich *in euch* wirkt; prüft euch selbst!' Fast alles predigt nur Pflicht, was der Mensch tun soll und lassen soll. Daher gibt es so viele ängstliche und zappelnde Gewissen. Alles will sich selbst gerecht und heilig machen und keiner bringt's zustande. Das Evangelium ist für die Welt die feindseligste Predigt; es macht den Menschen zu nichts, aber Gott in Christus zu allem. Es gibt so wenige *in Christus* fröhliche Gewissen.«

Gerhard Tersteegen (1697–1769) hat das Christus-Geheimnis in die Liedzeilen gefasst:

»Wunder aller Wunder, ich senk mich in dich hinunter. Ich in dir, du in mir! Lass mich ganz verschwinden, dich nur sehn und finden. ... Herr, komm in mir wohnen, lass mein Geist auf Erden dir ein Heiligtum noch werden; komm, du nahes Wesen, dich in mir verkläre, dass ich dich stets lieb und ehre. Wo ich geh, sitz und steh, lass mich dich erblicken und vor dir mich bücken.«

Dies Geheimnis des »Christus in uns«, dieses »Wunder aller Wunder«, muss gerade in unseren Tagen neu entdeckt werden. Es ist doch leider gerade heute in der Christenheit so viel die Rede von dem, was die Christen in der Welt an Frieden, an Gerechtigkeit und im Bewahren der Schöpfung zu wirken hätten. Aber wer bringt es denn zustande, auch nur allein in den eigenen vier Wänden Gerechtigkeit und Frieden zu schaffen?!

Christus wird erst dort wirklich geehrt, wo man das Geheimnis des »Christus in uns« neu erkennt und sich nach seinem heil machenden Wirken sehnt. »In« Christus, »in seinem Namen« kann man das »Leben« haben (vgl. Johannes 20,31). Das aber ist es doch, wonach sich nicht wenige Kirchenleute sehnen – und was doch auch die durcheinander geratene Welt braucht: Leben aus Gottes ewiger Welt! Die Kirche unserer Tage, ja die heutige Welt braucht nichts weniger als solche Einzelne, die angeschlossen sind an die Christuskräfte der kommenden Welt!

Es waren immer nur Einzelne

Damals war es Jesus nicht zu wenig, sich mit einzelnen Menschen abzugeben. Die Evangelienberichte erzählen zwar auch dann und wann von Tausenden, die sich um Jesus geschart hatten. Im Normalfall jedoch schildern sie, dass Jesus sich einzelner Menschen angenommen hat.

Seitdem war es in der ganzen Geschichte des Reiches Gottes nicht viel anders. Zwar wird immer wieder pauschal von Erweckungsbewegungen gesprochen, aber bei genauem Hinsehen kann man Einzelne als Schlüsselpersonen entdecken. Es ist geradezu unvorstellbar, was alles an »ansteckender Gesundheit« von einzelnen Menschen ausgehen kann!

Im 18. Jahrhundert war (zusammen mit Oetinger, Burk, Steinhofer, Roos und Philipp Matthäus Hahn) auch Philipp Friedrich Hiller (1699–1769) bei dem biblischen Lehrmeister Johann Albrecht Bengel in die Schule gegangen. Für Hiller wurden dann die biblischen Erkenntnisse Bengels zu zündenden Funken. Durch sie wurde er angeregt zu eigenen Tiefenbohrungen in der Bibel. Der reiche Ertrag findet sich in beachtlichen Prosaschriften, vor allem jedoch in der Fülle der bis heute gebrauchten geistlichen Lieder. Durch diese Lieder ging der geistliche Domino-Effekt »aus Glauben in Glauben« (Römer 1,17) weiter bis zum heutigen Tag.

Auch zum eigenen In-die-Tiefe-Bohren kann man angeregt werden, wenn man bei anderen »Tiefenbohrern« in die Schule geht. Einer meiner Brüder bekommt seine Glaubensimpulse durch die Bücher von Aiden Wilson Tozer (1897–1963), durch die neu aufgelegten Bände von Carl Olof Rosenius (1816–1866) »Geheimnisse im Gesetz und Evangelium« und auch durch die Auslegungen von Karl Hartenstein. Der Evangelist Wilhelm Busch sagte einmal, als er ans Krankenlager gefesselt war: »Beim Lesen von Zinzendorfs ‚Londoner Rede' habe ich ganz neue Anstöße bekommen!«

Jesus wartet auch heute auf Einzelne, die sich solche Anstöße geben lassen wollen und die dann auch selbst zum Bohren in die Tiefe der Heiligen Schrift bereit sind. Das ist wichtiger, als darüber zu klagen, dass doch so vieles in der Christenheit bestürzend flach geworden sei. Aus lauter gut gemeintem missionarischem Wollen, den Zeitgenossen den Glauben an Gott schmackhaft zu machen, ist eben vieles immer nur noch seichter geworden. Gut gemeinte christliche Bücher, Lieder und Verkündigungssendungen sind oft so erschreckend seicht. Zwar dürfen wir als Christen auch dann und wann »wie Kinder fromm und fröhlich sein«. Jesus kann auch dies dazu benutzen, dass bisher ferner Stehende Zugang zu ihm finden. Aber es ist nicht gesund, sich für das ganze Leben mit »Kindernahrung« zu begnügen (vgl. 1. Korinther 3,1ff; 1. Petrus 2,2; Hebräer 5,11-14).

Was hilft es, neue Gemeinden zu gründen und neue Gottesdienstformen aus der Taufe zu heben, wenn das Standardmenü ewig nur aus Kindernahrung besteht? Jesus wartet gespannt darauf, dass er einzelnen Multiplikatoren noch viel mehr als bisher erschließen kann (vgl. Johannes 16,12f).

Ich will keine Wetterfahne sein! Ich möchte zu den wenigen gehören, die nicht bei allem und jedem mitmischen. Ich will Kraft und Zeit darauf konzentrieren, die Geheimnisse Gottes zu erschließen. Ich möchte doch wirklich Handfestes weitergeben hinein in eine Welt, in der so vieles seicht bleibt.

3 Das fundamentale Wort des Christus

Was ist das »Wort des Christus«?

»Lasst das Wort des Christus reichlich unter euch wohnen« (Kolosser 3,16)! Wohlgemerkt: Der Apostel Paulus spricht hier nicht einfach von der »Bibel« oder vom »Wort Gottes« oder gar von der »Heiligen Schrift«. Vielmehr redet er vom »Wort des Christus«. Dies Wort ist das Zentrum der Bibel. Die Worte also, von denen Jesus sagte, dass sie selbst dann nicht vergehen werden, wenn Himmel und Erde vergehen werden (vgl. Markus 13,31).

Dem Apostel Paulus ging es wirklich um diese ganz persönlich von Jesus gesprochenen Worte, also um die authentischen Worte des Christus Jesus! Um Worte, die aus dem Mund des Christus gekommen waren, um Worte von letzter Autorität, geprägt von der Weisheit Gottes.

Einmal waren Beauftragte der Hohenpriester losgeschickt worden. Sie sollten Jesus in aller Stille dingfest machen. Aber sie kamen ohne Gefangenen zurück. Entschuldigend gaben sie zur Antwort: »Wir haben noch nie einen Menschen so reden gehört« (Johannes 7,46).

Als Kronzeuge Gottes verkündete Jesus ungewöhnliche Wahrheiten (vgl. Johannes 18,37; vgl. damit auch Markus 1,38). Von seinen Worten sagte er selbst: »Die Worte, die ich zu euch geredet habe, die sind Geist und sind Leben« (Johannes 6,63). Darin bestand die Hauptaufgabe für Jesus, Menschen »das Wort« zu sagen (vgl. Markus 2,2). Jesus war der »Sämann Gottes«, der »das Wort« auszusäen hatte (vgl. Markus 4,14). Er hatte es »in« Menschen hineinzusäen (vgl. Markus 4,15c).

Die Apostel des Christus Jesus machten Ernst damit: »Durch das Wort des Christus« kommt die den Glauben weckende Verkündigung (vgl. Römer 10,17). Gott hat eben nun einmal – nach all seinem Reden durch die Propheten – »*geredet* durch den Sohn« (vgl. Hebräer 1,1f). Das Heil hat in der Tat »seinen Anfang mit der *Predigt* des Herrn« (vgl. Hebräer 2,3) genommen. Wenn Christenleute »nicht am Ziel vorbeitreiben« wollen, dann müssen sie also »umso mehr« auf dies *Wort* achten (vgl. Hebräer 2,1). Denn »aufgeblasen und unwissend« ist jeder, der »nicht bei den heilsamen *Worten* unseres Herrn Jesus Christus bleibt« (vgl. 1. Timotheus 6,3).

Die zentrale Lehre der Bibel ist geprägt von den Worten des Christus Jesus. Sie ist es weit mehr, als die meisten Christen auch nur ahnen. Das »Wort des Christus« bildet den Kern der Bibel. In erster Linie gilt es, in diesem Wort tiefer zu graben.

Rechte Jünger bleiben am Wort des Christus

Jesus hatte seinen Freunden eingeschärft: »Ihr seid in Wahrheit meine Jünger, wenn ihr bleiben werdet an meinem Wort« (Johannes 8,31). Im Bleiben am Wort des Christus bestand das Wesen der Jüngerschaft. Es sollte bei den engsten Nachfolgern von Jesus Wirklichkeit werden: »Wer euch hört, der hört mich« (vgl. Lukas 10,16). Jesus wollte, dass nichts anderes als sein Reden durch die Worte der Apostel laut würde. Was Jesus ihnen ins Ohr gesagt hatte, das sollten sie in die Öffentlichkeit hinein rufen (vgl. Matthäus 10,26ff).

Dafür nur ein Beispiel: Einmal hatte etwa Jesus seinen Jüngern klar gemacht: Ihr dürft nicht wie die Heiden dem Mammon dienen, ihr braucht euch nicht um Vergängliches zu sorgen (vgl. Matthäus 6,24-32)! Genau dies hat dann der Apostel Paulus aufgenommen, als er den Christusleuten in Ephesus »in dem Herrn bezeugte«, dass sie nicht mehr »wie die Heiden in der Nichtigkeit ihres Sinnes« leben dürfen (vgl. Epheser 4,17ff).

Die Apostel sollten Zeugen für Jesus sein. Deshalb wagten sie es nicht, nur vage die Gedanken und Ideen ihres Herrn Jesus nachzuzeichnen. Vielmehr haben sie Ross und Reiter genannt. Sie wollten ja verbindliche Worte des Christus weitergeben.

So war es nicht etwa die Idee des Paulus gewesen, dass Apostel sich von den Gemeinden versorgen lassen dürfen. Vielmehr betonte er: »So hat … der Herr befohlen, dass, die das Evangelium verkündigen, sich vom Evangelium nähren sollen« (vgl. 1. Korinther 9,14 mit Lukas 10,7). Nicht Paulus war es, der etwas rigide in Sachen Ehescheidung war. Vielmehr schrieb er den Korinthern: »Den Verheirateten aber gebiete nicht ich, sondern der Herr, dass die Frau sich nicht von ihrem Mann scheiden soll ... und dass der Mann seine Frau nicht verstoßen soll« (vgl. 1. Korinther 7,10f mit Matthäus 5,31f; 19,3-9). In wortgetreuer Zitierung von Jesus bezeugte der Apostel Paulus, dass Jesus unversehens wiederkommen wird »wie ein Dieb in der Nacht« (vgl. 1. Thessalonicher 5,2 mit Matthäus 24,42-44). Mit »einem Wort des Herrn« machte er ihnen sogar klar, dass es beim Wiederkommen von Jesus auch Erste und Letzte geben wird, allerdings in etwas anderer Weise, als sie vermutet hatten (vgl. 1.Thessalonicher 4,15 mit Matthäus 19,30; 20,8.12.20 und Markus 10,31; Lukas 13,30). Dass »man sich der Schwachen annehmen muss«, das unterstrich Paulus bei den Gemeindevertretern von Ephesus damit, dass er ihnen ein »Wort des Herrn« ins Gedächtnis rief. Und auch mit dem Motto »Geben ist seliger als nehmen« (vgl. Apostelgeschichte 20,35) ist in Kurzform gebracht, was als Wort des Christus überliefert war (vgl. Lukas 6,34f.38; 14,12ff).

Bis hinein in die Wortwahl waren die Apostel einem hohen Standard von Treue verpflichtet, der sogar noch höher war als bei den jüdischen Schriftgelehrten. Diesen unüberbietbaren Standard an Verlässlichkeit hatte Jesus als der »treue Zeuge« (vgl. Offenbarung 1,5) in die Welt gebracht. Es war keine von Paulus aus dem hohlen Bauch geschöpfte rein persönliche Anschauung, wenn er das Wesen des Christseins wieder und wieder als ein »In-Christus-Sein« darstellte. Vielmehr gab er damit wieder, was der Wille des Herrn war:

»Bleibt in mir und ich in euch ... wer in mir bleibt und ich in ihm, der bringt viel Frucht« (vgl. Johannes 15,4f); »Ich habe deine Kinder versammeln wollen wie eine Henne ihre Küken unter ihre Flügel« (vgl. Lukas 13,34).

Man kann nur darüber staunen, wie intensiv die authentisch überlieferten Worte des Herrn Jesus in der ersten Christenheit bedacht worden sind. Mehr noch! Man kann einen roten Kopf bekommen, wenn man sich Folgendes vergegenwärtigt: Wie oft haben denn *wir* diese so wichtigen Worte des Christus Jesus abgefräst zu einer so allgemein gehaltenen Aussage wie »die Bibel sagt«. Dabei besteht doch der »Kern« der Bibel in den Worten, welche Jesus als Zeuge der Wahrheit in die Welt gebracht hat. »Jesus Christus, wie er uns in der Heiligen Schrift bezeugt wird, ist das eine Wort Gottes, das wir zu hören, dem wir im Leben und im Sterben zu vertrauen und zu gehorchen haben« (Theologische Erklärung der Bekenntnissynode von Barmen, 1934). Jesus aber wird doch »in der Heiligen Schrift bezeugt« als der, der »Worte des ewigen Lebens« geredet hat (vgl. Johannes 6,68). Jesus Christus ist zum Bezeugen letztgültiger Wahrheit »geboren und in die Welt gekommen« (vgl. Johannes 18,37; siehe auch Johannes 1,18).

Neu nach dem »Wort des Christus« fahnden!

Ich habe mich selbst daran gemacht, das »Wort des Christus« wie noch nie zuvor zu entdecken. Wie ein mittelalterlicher Mönch habe ich mir aus den Evangelien all die in Anführungszeichen gedruckten Worte des Jesus Christus in ein besonderes Büchlein geschrieben. Dabei kam ich aus dem Staunen nicht mehr heraus. Die altbekannten, oft jedoch überlesenen Worte fingen an, ganz neu zu glänzen. Wie sind die Worte des Christus voll Dringlichkeit, voll Prägnanz, voll Einladung: »Folge mir nach!«; »Tut Buße!«; »Sei rein!«; »Tritt hervor!«; »Strecke deine Hand aus!«; »Hört zu!«; »Schweig und verstumme!«; »Tu dich auf!«; »Bringt ihn her zu mir!«; »Kommt und seht!«; »Schöpft!«; »Tragt das weg!«;

»Hebt eure Augen auf!« Das sind keine abgeklärten Worte eines über Gott und die Welt philosophierenden Weisen. Vielmehr sind es Machtworte. Sie gelten bis heute!

Zwar hat die so genannte »wissenschaftliche Theologie« immer wieder daran gezweifelt, dass in der Bibel wirklich authentische Jesusworte zitiert sind. Einen Beweis für die Berechtigung ihrer Skepsis konnten sie jedoch bislang nicht vorlegen. Tragisch ist jedoch, dass diese Skepsis mittlerweile bis in die unterste Ebene der Gemeinde durchgetropft ist.

In einer Gemeinde, die im weiten Umkreis als »bibeltreu« angesehen wird, konnte jüngst in der Sonntagvormittags-Predigt kühn behauptet werden: »Jesus hat hauptsächlich durch sein Vorbild gelehrt.« Schließlich wüssten wir von keinem Wort, das Jesus selbst geschrieben habe. Die Gemeinde nahm das ehrfürchtig zuhörend hin. Niemand aus der Gemeinde protestierte. Auch vermeintlich »bibeltreue« Gemeinden sind hart im Nehmen geworden. Von Jesus ist zwar nichts persönlich Geschriebenes überliefert, aber seine Worte doch in Hülle und Fülle! Die Gemeinde hätte zurückfragen müssen: »Und was ist eigentlich mit der Bergpredigt? Was mit den vielen Gleichnissen? Was mit der Jesusrede über die Endzeit? Was mit den Abschiedsreden? Was mit dem ‚hohepriesterlichen Gebet'? Was meint denn dann eigentlich diese ehemalige Jahreslosung, dass die Jesus-*Worte* nicht vergehen werden?!«

Leute, die sich auf ihre »Bibeltreue« ansprechen lassen, sollten sich dringend auf eine Spurensuche besonderer Art begeben. Sie könnte damit begonnen werden, dass den Apostelworten nachgegangen wird, die mit der Formel »wir wissen aber« eingeleitet sind. Sehr oft nämlich lässt sich dahinter ein verlässliches Wort von Jesus entdecken.

So ist etwa hinter der apostolischen Aussage: »Wir wissen aber, dass unser alter Mensch mit ihm gekreuzigt ist« (vgl. Römer 6,6) das Jesuswort zu finden: »Will mir jemand nachfolgen, der verleugne sich selbst und nehme sein Kreuz auf sich und folge mir«

(vgl. Matthäus 16,34). Die Jesus-Erklärung: »Ich lebe und ihr sollt auch leben« (vgl. Johannes 14,19) ist aufgenommen im Paulus-Wort: »Wir wissen, dass Christus, von den Toten erweckt, hinfort nicht stirbt; der Tod kann hinfort nicht über ihn herrschen« (vgl. Römer 6,9). Dass »nichts unrein ist an sich selbst«, das wusste Paulus »in dem Herrn«; darin war er sogar »gewiss in dem Herrn« (vgl. Römer 14,14); denn er kannte offensichtlich das Wort des Gottessohnes Jesus, mit dem er »alle Speisen für rein erklärt« hatte (vgl. Markus 7,19). Dass Gott zu »fürchten« ist, davon hatte Jesus gesprochen (vgl. Lukas 11,5; 13,22ff). Paulus hat das aufgenommen mit der Feststellung: »Wir wissen, dass der Herr zu fürchten ist« (vgl. 2. Korinther 5,11).

In der Stuttgarter Staatsgalerie findet sich das so eindrückliche Rembrandt-Gemälde, das den greisen Paulus darstellt. Vor sich hat der inhaftierte Apostel die Schrift, die Bibel Israels. Aber die Augen des Apostels gehen sinnend in die Weite. So wie einst die Frommen Israels über Gottes Gebot Tag und Nacht nachsannen (vgl. Psalm 1,2), so hat der Apostel des Christus Jesus über die Worte des Christus nachgedacht. Er wollte doch nicht »wagen, von etwas zu reden, das nicht Christus« durch ihn »gewirkt« hatte (vgl. Römer 15,18).

Das »Wort des Christus« gehört ganz neu bewusst gemacht! Der württembergische Graf Eberhard im Bart (1445–1496) hatte zu einem seiner Leitworte das Augustinus-Gebet gemacht: »Herr, lass mich nicht das vernehmen, was ich zu hören liebe, sondern lass mich das hören, was du mich vernehmen lassen möchtest!«

Ermutigungen zum Nachspüren

Gleich beim ersten Jesuswort, das der Evangelist Markus berichtet, geht es um »Buße« (vgl. Markus 1,15). Das ist so ein Begriff, den jeder normale Mensch nicht zu hören liebt. Gott jedoch möchte ihn uns ans Herz legen. Mit welcher Dringlichkeit ist Jesus schon am Anfang seines Wirkens darauf aus gewesen, dass Menschen zur

Buße durchdringen. Sie sollen umkehren, umdenken, neu denken, anders denken und anders handeln. Bis zum Kommen des Erlösers Jesus hatte Gottes Einladung gelautet: »Wenn *ihr mich* von ganzem Herzen suchen werdet, so will ich mich von euch finden lassen« (vgl. Jeremia 29,13f). Jetzt aber war mit Jesus das Reich Gottes den Menschen nahe gekommen! Gott war dabei, die Menschen zu suchen. Gott selbst hatte den entscheidenden Schritt getan, damit Menschen ihn finden können. »Buße« wurde zur Chance!

Eine Anregung: Diese Spur kann man in Bibelgruppen und Hauskreisen weiter verfolgen! Man kann nach Christusworten fahnden, die auf solches Umdenken und Umkehren zielen. Gehört etwa Markus 1,22 dazu? Wie ist es mit Markus 2,5ff? Und erst recht mit Markus 2,15-17; 3,31-35; 7,14-23 und so weiter!

Man kann sich auch die Aufgabe stellen: Welche unter den vielen von Matthäus berichteten Gleichnissen und Bildworten des Christus Jesus machen deutlich, wie dringlich das Umkehren ist? Was kann denn wahre Umkehr verhindern? Was ist in den Gleichnissen des Herrn Jesus darüber angedeutet?

So kann man auch in den Evangelien nach solchen Jesus-Worten fahnden, mit denen Jesus zu engster Gemeinschaft mit ihm einlädt, also etwa die Worte »kommet her zu mir!« oder »mit mir« oder »folge mir nach« oder »bleibet in mir!« oder »wer den Willen tut meines Vaters im Himmel, der ist mir Bruder und Schwester«. Bei solchen Streifzügen werden Jesus-Worte, die einem bislang noch nicht so recht bewusst geworden sind, wie reife Früchte in den Schoß fallen.

So ist es einem Gemeindeglied an einem meiner früheren Dienstorte ergangen. Der suchte nach langen Jahren zum ersten Mal wieder in der Bibel blätternd eine bestimmte Geschichte. Er brauchte lange, bis er sie schließlich gefunden hatte. Staunend sagte er jedoch: »Bei diesem Suchen habe ich so unglaublich viele hilfreiche Jesusworte gefunden! Was ist denn aller Trost der Psychologen, verglichen mit dem einen Christuswort: ‚In der Welt habt ihr

Angst; aber seid getrost, ich habe die Welt überwunden'?« (Johannes 16,33).

Die Worte des Christus sind ja nicht nur für den Kopf, für das Denken und für das Gedächtnis bestimmt. Sie sollen doch in die Menschen hineingehen, so wie Brot und Wein beim Abendmahl in sie hineingehen und sich mit ihnen verbinden. Jesus hat einmal darüber geklagt, dass sein Wort bei Menschen »keinen Raum findet« (vgl. Johannes 8,37). Das ist schlimm, weil doch seine Worte dazu bestimmt sind, dass sie *in uns* bleiben (vgl. Johannes 15,7). Das ist das Ziel dieser Worte, von denen Jesus zu seinem Vater betend sagte: »Die Worte, die du mir gegeben hast, habe ich ihnen gegeben« (vgl. Johannes 17,8).

Am »Wort des Christus« bloß nicht schuldig werden!

»Lasst *das Wort* des Christus reichlich unter euch wohnen!« Es geht um das Wort des »Christus«! Es ist eine Majestätsbeleidigung dieses Christus, wenn man sein Wort je nach Belieben beachtet oder auch nicht. Man sollte also die Finger davon lassen, unter den Worten des Christus die herauszusuchen, die dem persönlichen Geschmack schmeicheln. Wir haben kein Recht dazu, nach unserem begrenzten und subjektiven Maßstab diejenigen Worte des Christus herauszupicken, die uns wertvoll erscheinen, andere aber auszublenden. Das tun ja viele Zeitgenossen, und über sie kann man wahrlich unmutig werden.

So ging es mir einmal, als ein an und für sich begabter junger Pfarrer im Konfirmationsgottesdienst eine eigene Ergänzung zum Katechismus vortragen ließ. Zur Auslegung des Bekenntnis-Satzes »von dort wird er kommen, zu richten die Lebenden und die Toten« mussten die Konfirmanden lernen: »Es gibt kein Jüngstes Gericht. Schließlich haben die Christen zu lange schon mit dem Zeigefinger gedroht. Jesus richtet niemand!« Als nun der Pfarrer auf dieses kühne »neue Bekenntnis« kritisch angesprochen wurde, antwortete er überzeugt und vermeintlich bibeltreu: »In der Bibel steht doch die klare Aussage von Jesus, dass Gott seinen Sohn nicht zum Gericht in die Welt gesandt habe, sondern dass die Welt durch ihn gerettet werden soll.« Gut, das ist tatsächlich in Johannes 3,17 nachzulesen. Jedoch lautet bei Jesus dann schon der nächste Satz: »Wer an den Sohn glaubt, der wird nicht gerichtet; wer aber nicht glaubt, der ist schon gerichtet, denn er glaubt nicht an den Namen des eingeborenen Sohnes Jesus« (vgl. Johannes 3,18). Das also ist es, was die Worte des Christus in dieser Sache meinen: An der Stellung zu Jesus entscheiden sich einmal ewiger Tod oder ewiges Leben! Wie schade, ja wie vermessen ist es, davon Abstriche zu machen.

Es empört mich, wenn andere dies tun. Doch wie sieht es eigentlich mit mir selbst aus? Es ist so leicht, andere ins »Visier« scharfer Kritik zu nehmen. Jesus hat jedoch gesagt: »Mit welchem Maß ihr messt, wird euch zugemessen werden« (Matthäus 7,2). Paulus hat das weitergeführt, als er den Galatern schrieb: »Wenn jemand meint, er sei etwas, obwohl er doch nichts ist, der betrügt sich selbst« (Galater 6,3). So habe auch ich mich selbst betrogen. Denn lange Zeit war ich der festen Überzeugung: »Ich habe doch nicht das Wort des Christus verharmlost, ich habe keine Abstriche an seinen Worten gemacht! Das mögen andere tun, aber ich doch nicht!«

Aber dann hat mich – es ist noch gar nicht so lange her – das Wort des Christus getroffen: »Ich sage euch aber, dass die Menschen Rechenschaft geben müssen am Tage des Gerichts von jedem nichtsnutzigen Wort, das sie geredet haben« (Matthäus 12,16). Damit sind erschreckenderweise auch all die vielen geschwätzigen hohlen Worte aus meinem Mund gemeint, die unguten Beurteilungen, die üble Nachrede, die dummen Scherze – o Gott, erbarme dich über mich! Und wie sieht es mit vielen meiner Predigten, Vorträge und Artikel aus? War es denn nicht auch vergeblich und leer, wenn ich zwar Jesus liebevoll als Retter gepriesen hatte, aber ohne die Abgründe deutlich zu machen, aus denen Jesus Menschen retten will? Warum habe ich denn eigentlich nicht mit vollem Ernst – samt einladender Liebe zum Heil – die Worte des Christus weitergegeben: »Die Pforte ist weit und der Weg ist breit, der zur Verdammnis führt, und viele sind's, die auf ihm hineingehen« (Matthäus 7,13)? Oder: »Der Menschensohn wird seine Engel senden, und sie werden sammeln aus seinem Reich alles, was zum Abfall verführt, und die da Unrecht tun und werden sie in den Feuerofen werfen; da wird Heulen und Zähneklappern sein« (Matthäus 13,41f)? Oder: »Wer dem Sohn nicht gehorsam ist, der wird das Leben nicht sehen, sondern der Zorn Gottes bleibt über ihm« (Johannes 3,36)?

Ich habe eine ganze Reihe meiner Predigten aus der Vergangenheit durchforstet. Dabei musste ich mich selbstkritisch fragen: Warum habe ich denn viel zu verschwommen die Auskunft des Herrn Jesus weitergegeben, dass man ohne sein Retten verloren ist, verloren bleibt und ewig verloren sein wird? Hatte ich denn Angst, man würde mir unterstellen, ich wollte mit dem Höllenhund Menschen zu Jesus hetzen? Kam denn das »ewige Verderben« nur ganz am Rande vor, weil mir das zu »abschreckend«, zu »negativ«, zu »drastisch« oder gar zu »unmodern« erschienen war? Habe ich es für eine »veraltete Vorstellung« gehalten, dass es einen »Ort der Qual« gibt (vgl. Lukas 16,28)? Kam es mir etwa auch zu eigenartig, ja fremdartig vor, dass Jesus gesagt hat, dass man »in die Hölle geworfen« werden kann, »in das Feuer, das nie verlöscht« (vgl. Markus 9,43-45)?

Natürlich ist Jesus gekommen, um uns aus Verlorenheit zu erlösen. Darin erweist sich die Liebe Gottes zu uns. Die Erlösung ist jedoch ein Retten aus Abgründen. Die sich glaubend an Jesus hängen, sollen nicht verloren bleiben, sie sollen nicht verloren gehen! Ist das immer deutlich geworden, als ich das Wort des Christus weitergegeben habe? Sehr oft hat man mich sicher so verstanden, als ob es sich beim Glauben an Jesus um eine Art harmlos-beliebiges Umsteigen handeln würde, so wie etwa aus dem Nahverkehrszug in den ICE oder ein Wechseln aus der 2. Klasse in die etwas komfortablere, aber auch exklusivere 1. Klasse. In diesen Fällen bleiben jedoch Fahrtrichtung und Ziel gleich. Habe ich denn klar davon gesprochen, dass man in den Zug in entgegengesetzter Richtung umsteigen muss? Ganz unterschlagen habe ich es ja nicht, aber sicher habe ich viel zu schaumgebremst davon geredet.

Als mir dieses Versäumnis in meiner Verkündigung bewusst gemacht wurde, hat es mich erzittern lassen. Was habe ich bloß – und mit mir wahrscheinlich noch manch anderer – aus dem ernsten, dringlichen, weckenden Wort des Christus gemacht!? Wie habe auch ich es nach vermeintlichem Publikumsgeschmack zurechtgebogen! Von Haushaltern wird aber doch gefordert, dass sie treu sind, nichts als treu. Was war denn bloß mit mir los, dass ich so untreu war – und dass es mir bis jetzt gar nicht bewusst geworden war?!

Natürlich könnte man einwenden: Es ist doch heutzutage so nahe liegend, dass all das etwas in Watte gepackt wird, was dem modernen Menschen apodiktisch-hart vorkommt und darum abstößt. Man will ja schließlich für Jesus werben. Es ist doch menschlich verständlich, dass man Menschen daher nicht mit harschen Begriffen wie »Verlorenheit«, »Jüngstes Gericht«, »Hölle« oder »Verdammnis« verschreckt!

Jedoch hat Jesus mit klaren Worten vor dieser menschlich so verständlichen Versuchung gewarnt, auf das »Menschliche« zu sehr Rücksicht zu nehmen (vgl. Matthäus 16,23). Es ist satanisch, das Menschliche anstelle des Göttlichen zu meinen! Jesus hat sogar das Wort gesagt, das wir immer wieder zu vergessen scheinen: »Wer sich aber meiner Worte schämt unter diesem abtrünnigen und sündigen Geschlecht, dessen wird sich auch der Menschensohn schämen, wenn er kommen wird in der Herrlichkeit seines Vaters mit seinen heiligen Engeln« (vgl. Markus 8,38)!

Am Wort des Christus schuldig zu werden, das ist schrecklich (vgl. Jakobus 3,1f)! Wie weit sind wir aber in unseren Kirchenorganisationen schon voneinander entfernt, wenn diese Sorge gar nicht mehr verstanden wird? Kann man denn wirklich nicht verstehen, warum einzelne wache Christen nicht mitmachen und auch nicht schweigen können, wenn »menschliche Meinungen« zunehmend den Weg der Christenheit bestimmen?

Den Glauben neu gründen

Zu lange wurde uns weiszumachen versucht: »Die Christenheit wird nur dann Zukunft haben, wenn sie bereit ist, die Bibel kritisch zu lesen! Der moderne Mensch hat ein Recht darauf, alle Autoritäten in Frage zu stellen, auch die Bibel. Schließlich haben das doch schon die Reformatoren gelehrt!«

Nein! Und nochmals »nein«! Denn die Reformatoren haben gelehrt, gegen alle Autoritäten das Wort der Heiligen Schrift gelten zu lassen. Sie haben die Christenheit dazu aufgerufen, sich durch die Bibel in Frage stellen zu lassen.

Alle, die sich als Christen ansprechen lassen, brauchen eine besondere Ehrfurcht gegenüber dem Wort des Christus. Sie brauchen – besonders als Verkündigende – eine neue Bereitschaft, dem Wort des Christus zuzuhören. Sie brauchen ein neues Zutrauen zum Wort des Christus, eine neue Freude am Wort des Christus. Wir alle brauchen ein neues entschlossenes Wollen, tiefer im Wort Gottes zu graben und dabei besonders im »Wort des Christus« fündig zu werden.

Für die ganze Christenexistenz soll gelten, was Philipp Friedrich Hiller so ausgedrückt hat: »Wenn ich bei meinem Fehlen mich fast zu glauben scheu, mach du in meiner Seelen die Glaubensgründe neu!« Das Wort des Christus kann dies »machen«, dass unser brüchiger Glaube von Grund auf neu gebaut wird. Das Wort des Christus ist ein schöpferisches Wort. Es ist gepaart mit Auferstehungskraft. Leben wird in der Christenheit da wieder wachsen, wo dieses »Wort des Christus« wieder vollständig und fröhlich ernst genommen wird.

Ich will keine Wetterfahne sein! Auch wenn andere an den Worten des Christus herummäkeln, möchte ich mir diese Worte nicht madig machen lassen. Vielmehr soll das »Wort des Christus« mich in Frage stellen dürfen. Diesem »Wort des Christus« will ich zutrauen, dass es meinen Glauben neu gründet.

4 Jesus »pur«

Zurück zu Paulus!

Es wird heute ja doch sehr viel Wert gelegt auf Religiosität und auf ethische Werte. Das ist ja ganz schön und gut. Aber das hat nicht unbedingt etwas mit dem »Evangelium vom Sohn Gottes« zu tun! Dieses Evangelium ist es, das bekannt gemacht und ganz intensiv gehört werden soll. In dieser Sache haben wir Nachholbedarf. Darum zurück zur Quelle, zum Ausgangspunkt!

Wer zurück zur Quelle will, der muss sich – neben den »Worten des Christus« – entschlossen an die Worte des Apostels Paulus halten. Nun wird manchmal naiv-kurzsichtig gemeint: »Der Apostel Paulus hat sich eben seine eigenen, manchmal etwas verqueren und für uns kaum nachvollziehbaren Gedanken über Gott und die Welt gemacht!«

Ein Freund von mir, fromm, aber ein wenig theologisch »verbildet«, war hundertprozentig von dem überzeugt, was er trocken mit diesen Worten von sich gab: »Ach was, Paulus ist doch nicht für uns verbindlich! Der hat doch so merkwürdige Ansichten gehabt über den Staat und über die Frauen; er hat sich doch auch getäuscht darin, dass Jesus bald wiederkommen wird. Was war er denn? Er war doch auch nur ein ganz normaler Mensch wie wir alle, der sich so seine Gedanken gemacht hat über Gott und Welt! So müssen eben auch wir uns heute unsere Gedanken darüber machen, wie wir die Dinge betrachten!«

Das ist allerdings ein grundlegendes Missverständnis! Wie ein frommer Israelit, der über dem Gesetz Gottes Tag und Nacht nachsinnt, hat Paulus den Worten und Taten des Jesus nachgespürt, sie ernst genommen. Wenn wir wirklich begreifen wollen, was mit Jesus in unsere Welt gekommen ist, müssen wir uns das von Paulus sagen lassen.

Ein auf den ersten Blick vielleicht etwas dumm scheinender Vergleich sei mir gestattet: Ich bin in meinem Leben immer wieder fotografiert worden. Meist war ich dann, wenn ich die Abzüge sah, erschrocken – über mich und erst recht über das, was da mein Ebenbild sein sollte. Besonders dann, wenn selbsternannte »Fachleute« sich als Knipser betätigt hatten. Nur ganz, ganz selten geschieht es, dass man dankbar dafür ist: »Hier bin ich getroffen, wie ich bin! Hier bin ich so abgebildet, wie ich gesehen werden möchte!«

Zweifellos ist unser heiliger Herr und Heiland traurig, betroffen, erschrocken, empört gewesen über viele der Jesus-Bilder, die man von ihm gemacht und dazu noch mit großem Aufwand in die Öffentlichkeit getragen hat. Über das jedoch, was Paulus als »Evangelium vom Sohn Gottes« dargelegt hat, war sogar Freude im Himmel. Hier war der Sohn Gottes, Jesus, getroffen, wie er *wirklich* ist!

Wenn ich in vergangenen Jahren so etwas gesagt habe, dann habe ich damit rechnen müssen, dass irgendeiner meiner Altersgenossen, in der Bibelkritik aufgewachsen und geschult, darüber überheblich lächeln würde. Denn die waren felsenfest davon überzeugt, dass Paulus ein knochentrockenes, abstraktes Gedankengebilde eigener Provenienz zusammengebastelt hat, das sich nicht mehr viel auf Jesus berufen konnte. Mindestens nicht auf den Bergprediger Jesus und auf den Rabbi Jesus mit seinen so schlichten und anschaulichen Gleichnissen!

Doch weit gefehlt! Wer sich die Mühe macht, auch nur etwas genauer hinzusehen und hinzuhören, der kann entdecken: Dieser Paulus hat Jesus mit seinen Worten und Taten mit heiliger Ehrfurcht ernst genommen! Wenn überhaupt einer begriffen hat, welchen Wert Jesus darauf gelegt hat, an ihn zu »glauben«, dann war das Paulus. Er hat das aufgenommen und umgesetzt und eingeschärft, worauf Jesus aus war, als er sagte, dass »alle, die an ihn glauben, nicht verloren werden, sondern das ewige Leben haben« (Johannes 3,16). Paulus hat das sogar so intensiv, so verständnisvoll, so hellhörig aufgenommen, dass er uns Christen einschärfen konnte: Mit Jesus ist überhaupt erst das, was mit »Glaube« gemeint ist, in die Welt gekommen (vgl. Galater 3,23.25) – Glaube nämlich nicht als Kopfglaube, sondern als eine totale und alles durchdringende Verbundenheit mit dem Sohn Gottes (vgl. Galater 2,20).

Paulus hat dies sogar als »Gehorsam des Glaubens« (Römer 1,5; 15,18) bezeichnen können. Schließlich hat Gott den Menschen den Retter Jesus »zum Glauben« hingehalten (vgl. Römer 3,25). Gottes Absicht ist es, dass Menschen sich ganz in die Gemeinschaft mit Christus hineinnehmen lassen. Dies auszuschlagen ist ein schlimmerer Ungehorsam als jedes Rebellieren gegen die Zehn Gebote. Wenn Menschen sich von der Jesusgegenwart durchdringen und gestalten lassen, so ist das elementarster »Gehorsam« gegen Gott und höher zu bewerten als noch so penibles Einhalten der Gebote.

Paulus konnte als ehemaliger Pharisäer, der Gottes Gebote bis ins Kleinste hinein beachtet hatte, von sich selbst sagen: »Ich habe gemessen an den Forderungen des Gesetzes Gottes ‚untadelig' gelebt; ich habe mich darum auch darauf verlassen können, von Gott als mustergültig gerecht angesehen zu werden« (vgl. Philipper 3,3-6). Von Jesus jedoch hatte sich Paulus sagen lassen müssen: Auch der untadeligste, unüberbietbar vorbildlich lebende Pharisäer wird vor Gott weit an Gerechtigkeit übertroffen von dem, den Gott gerecht *gemacht* hat. So hatte es ja Jesus in seinem Gleichnis vom Pharisäer und Zöllner veranschaulicht. Selbst ein so verkommenes Subjekt wie der Zöllner »ging hinab in sein Haus gerechtfertigt (gerecht gemacht) *vor* jenem (Pharisäer)«, weil er als Sünder in demütiger Selbsterkenntnis gebeten hatte: »Gott, sei mir Sünder gnädig« (vgl. Lukas 18,9ff). Das war es, was Paulus aufgenommen und entfaltet hat wie sonst keiner der anderen Apostel, wenn er einschärft: »Gott macht Gottlose gerecht« (Römer 4,5).

Es sind zwei große Themen, auf die sich Paulus in heiliger Beschränkung vor allem konzentriert hat: Zum einen hat Paulus wichtig und anschaulich gemacht, was es heißt: »Glaube an den Herrn Jesus Christus!« (Apostelgeschichte 16,31). Zum anderen hat uns Paulus wichtig und anschaulich gemacht: »Wer an diesen

Jesus glaubt, wird gerecht gemacht!« (Apostelgeschichte 13,39). Er hat damit auf den Punkt gebracht, was mit Jesus an Neuem, an Tröstlichem, an Heilendem in die Welt gekommen ist.

Aber Paulus gibt auch in dem, was wir oft als nebensächlich ansehen, die Worte und das Wesen seines Herrn weiter, etwa wenn Paulus in 1. Korinther 9,22 bekennt: »Ich bin allen alles geworden, damit ich auf alle Weise einige rette!« Das war doch etwas, was er bei Jesus gelernt hatte, nämlich dass es schon ein Wunder ist, wenn »einige« zum Glauben kommen. Selbst bei Jesus gab es ja keine großen Erweckungen, wie wir sie in unserer Unnüchternheit oft ersehnen. Es war schon viel, dass sich »einige« retten ließen. Es war schon beachtenswert, dass »etliche« bei Jesus ausharrten – sogar in seinen Anfechtungen (vgl. Lukas 22,28). Bei Jesus hatte Paulus begriffen, dass es schon viel ist, wenn von der großzügig ausgestreuten Saat des Wortes Gottes wenigstens »einiges« auf gutes Land fällt und Frucht bringt. Die »Etlichen« sind wert geachtet in den Augen Gottes. Sie sind »Heilige und Geliebte«, »Auserwählte«! So hat Paulus sie genannt! Um diese Menschen zu gewinnen ist Paulus, wie er bekannt hat, »allen alles geworden«.

Nun war das keine von Paulus erfundene Evangelisationsstrategie, kein »Trick 17«, sondern er hatte auch das bei Jesus gelernt. Hinter dem von Paulus Geschriebenen und hinter dem über ihn Berichteten sind mehr Jesusspuren zu entdecken, als viele ahnen. »Ich bin allen alles geworden!« Ja, so hatte es auch Jesus gehalten. Er hat sich mit den Fröhlichen gefreut und mit den Weinenden geweint (Römer 12,15). So steht es im Römerbrief, aber das ist keine bloße »evangelistische Philosophie« des Paulus, sondern es ist die Zusammenfassung dessen, was bei Jesus zu erleben war: Das Erste, was im Johannesevangelium berichtet wird, ist doch, dass Jesus mit seinen Jüngern auf eine Hochzeit nach Kana ging – und einer der letzten Berichte im Johannesevangelium erzählt davon, wie Jesus am Grab des Freundes Lazarus »die Augen übergingen« vor Tränen. Man gehe doch einmal an den Kapiteln des Johannesevangeliums entlang, dann wird anschaulich, wie Jesus allen alles wurde: Er scheute nicht das nächtliche tiefsinnige Theologengespräch mit

Nikodemus, er entzog sich nicht dessen kniffligen theologischen Fragen. Jesus entzog sich aber auch nicht den etwas sprunghaft-konfusen Einwänden der samaritanischen Frau dort am Brunnen vor Sychar. Jesus scheute sich auch nicht, die Halle des Krankenasyls Bethesda zu betreten. Er wurde allen alles!

Die anderen Evangelienberichterstatter erzählen etwa, dass Jesus sich in das Trauerhaus eines Synagogenvorstehers ebenso einladen ließ wie in die Villa eines Betrügers. Paulus hatte bis in Einzelheiten hinein bei Jesus entdeckt, was das heißt: »Er ist allen alles geworden!« Paulus hat eben für sich ernst genommen, was Jesus verfügt hatte: »Wie mich der Vater gesandt hat, so sende ich auch euch« (Johannes 20,21)!

Paulus wollte das »Evangelium vom Sohn Gottes« bekannt machen (vgl. Galater 1,15)! Wer ein Liebhaber der Bibel ist – oder noch werden will –, dem garantiere ich: Er wird bei Paulus viel öfter, als man gemeinhin ahnt, auf »Jesus pur« stoßen. Paulus hat das Jesus-Evangelium unverfälscht wiedergegeben, er hat den Kern, das wirklich Wesentliche getroffen!

Bei Paulus finden sich also nicht – wie manchmal vermutet – trockene theologische Abhandlungen und etwas abseitige Gedanken, die uns heute nicht mehr so viel geben können. Vielmehr geht es immer um das Zentrale: »Leben wir, so leben wir dem Herrn! Sterben wir, so sterben wir dem Herrn, darum, ob wir leben oder sterben, so sind wir des Herrn« (Römer 14,8f). Wir gehören ihm, Jesus! Das ist die gute Botschaft, dass Jesus uns wissen lässt: »Ohne dich will ich keinen Tag mehr leben!« Das sollen wir staunend so vernehmen, dass auch bei uns die Liebe zu ihm aufwacht: »Ja, auch ich möchte keinen Tag mehr ohne dich leben!«

»Glaube an den Herrn Jesus!«

Als Paulus seinerzeit das Evangelium von Jesus nach Europa gebracht hat, hat er die Sache mit Jesus so zusammengefasst:

»Glaube an den Herrn Jesus, so wirst du und dein Haus selig.« Aber das hat er dem innerlich erschütterten Gefängnisaufseher von Philippi nicht einfach »vor den Latz geknallt«. Vielmehr haben Paulus und Silas ihm »das Wort des Herrn« gesagt (Apostelgeschichte 16,32). Sie haben also nicht einfach irgendetwas Frommes von sich gegeben, auch nicht etwas »über« Jesus, sondern sie haben Worte des Christus Jesus weitergegeben.

Es ist uns nicht berichtet, welche Jesus-Worte Paulus und Silas weitergegeben haben. Aber eigentlich konnten sie doch nichts anderes weitersagen als die Worte des Christus, die zum Glauben an ihn eingeladen haben: »Euer Herz erschrecke nicht! Glaubt an Gott und glaubt an mich« (Johannes 14,1). »Wer an ihn glaubt, der glaubt nicht an ihn, sondern an den, der ihn gesandt hat« (vgl. Johannes 12,44). »Wer an mich glaubt, der wird nicht gerichtet« (vgl. Johannes 3,17f).

Jesus will auch heute noch, dass Menschen an ihn glauben. Fangen Sie doch einmal an, sich die vielen Worte – etwa gerade aus dem Johannesevangelium – zu notieren, in denen Jesus zum Glauben an ihn eingeladen hat. Jesus ist, wie er selbst von sich bekannt hat, »in die Welt gekommen als ein Licht, damit, wer *an ihn glaubt*, nicht in der Finsternis bleibe« (Johannes 12,46). Alle, die an Jesus glauben, sollen nicht verloren bleiben, sondern das ewige Leben haben (Johannes 3,16).

Als Jesus vom Himmel auf unsere Erde gekommen ist, hat so etwas wie ein himmlisches Frühlingserwachen begonnen. Diese erfüllte »Gotteszeit« war von einer Atmosphäre des Glaubens geprägt. In ganz erstaunlicher Weise haben damals Menschen angefangen, diesem Jesus zu glauben, und zwar mit einer Gewissheit, wie sie sonst eigentlich nicht zu finden war. Dieser Jesus erweist sich auch als »Anfänger und Vollender *unseres* Glaubens« (Hebräer 12,2). Bis heute kann und will Jesus bei Menschen den Glauben wecken, erhalten und vollenden.

Das war es, was Paulus sich von Jesus hatte einprägen lassen: Jesus will, dass Menschen an ihn glauben! Er hat sogar einmal gesagt:

»Es ist Sünde, dass sie nicht an mich glauben« (Johannes 16,9). Aber worin nun der Glaube besteht, das hat Paulus noch einmal ganz neu herausgestellt. Doch war dies nicht seine eigene Erfindung. Vielmehr hat er auch darin Jesus ernst genommen. Es hat Paulus überwältigt, dass Jesus seinen Vater innig und verlangend darum gebeten hatte: »Es sollen doch die, die du mir gegeben hast, in uns (also im Vater und im Sohn) sein, so wie ich in dir bin« (vgl. Johannes 17,21)! So wie die schwache Rebe mit dem starken Weinstock verbunden ist, so sollen Menschen »in ihm« bleiben. »*In* Christus!« – wie könnte man denn diese Formel bei Paulus je überlesen, überhören, gering achten oder als kuriose Spezialität ansehen! Hat der Apostel doch damit das zentralste Jesusanliegen aufgenommen, nämlich dass Menschen sich bei Jesus bergen sollen wie die Küken unter den Flügeln der Henne. Sie sollen ihre ganze Kraft aus ihm holen wie die in den Weinstock eingewachsene Rebe.

»Glaube an Jesus« ist seit Jesus und erst recht seit Paulus nicht mehr das, was man leider immer noch bis heute landläufig so vordergründig mit »Glaube« verbindet. Viele Menschen verstehen darunter, irgendetwas Ungewöhnliches für möglich zu halten oder mit überirdischen Erscheinungen und mit Wunderhaftem bis hin zur Existenz von Schutzengeln zu rechnen. Glaube erschöpft sich (so eine andere beliebte Auffassung) auch nicht in der Zustimmung zu dogmatischen Grundsätzen, so wahr und gut sie auch sein mögen. Der Glaube, der Gott wirklich »gehorsam« ist (vgl. Römer 1,5; 15,18), hält sich an Jesus, den Gott als Retter gesandt hat: »Ob wir nun leben oder sterben, wir sind (wir gehören) dem Herrn!« (Römer 14,8).

Das ist Glaube. »Glaube« ist eben entscheidend *mehr* als eben zu versuchen, »christlich zu leben«. »Glaube« ist *mehr* als ein Sensorium für Religiöses zu entwickeln. Paulus hat mit unterschiedlichen Bildern, Vergleichen und Formulierungen deutlich gemacht, dass »Glaube« eine elementare Verbundenheit mit Jesus Christus meint. Von diesem Thema ist er gar nicht mehr losgekommen. In Epheser 5 vergleicht Paulus das Glauben mit einer guten Ehe, auf die doch der Satz zutrifft: »Gut, dass wir einander haben!« In

Römer 7,4 lesen wir, dass Glaubende »einem andern angehören, nämlich dem, der von den Toten auferweckt ist«. In Römer 8,1 ist zu lesen: »Es gibt keine Verdammnis für die ...« Und wie geht es weiter? Gibt es etwa keine Verdammnis Gottes für die, die Gutes tun, die immer strebend sich bemühen, die Jesus für einen großen Religionsstifter halten, die einer der christlichen Kirchen angehören? Weit gefehlt! Es gibt keine vernichtende Anklage, keine Verdammnis mehr für die, »die *in* Christus Jesus sind!«

Solchen Glauben hat Gott ermöglicht. In Römer 3,25 heißt es: Diesen Erlöser Jesus »hat Gott *für den Glauben* hingestellt«. »Für den Glauben« wurde uns dieser blutüberströmte Jesus hingehalten, damit es zu dem Aha-Erlebnis kommen kann: »Dieser Leidende hat ja etwas auf sich genommen, was er selbst sich gar nicht eingebrockt hat. Vielmehr hat er auf sich genommen, was *ich* mir eingebrockt habe!«

Die afrikanischen Bischöfe Festo Kivengere und Alpha Mohammed haben uns wissen lassen: »Die Gottesdienste in unseren Diözesen werden immer voller von suchenden Menschen; denn ‚*our message is atonement*' (»unsere Botschaft ist Versöhnung«). Denn wir Afrikaner versuchen vergeblich, unsere Fehltritte stellvertretend durch ein Opfertier zu sühnen. Da ist es befreiend zu wissen, was Jesus getan hat.« Die Mitchristen in Afrika verstehen also unmittelbar: Jesus hat sich in unsere verzweifelte Situation »reingehängt«. Er hat sich mit uns identifiziert; wenn dieses oft gebrauchte Fremdwort »sich identifizieren« überhaupt irgendwo stimmt, dann bei Jesus. Er hat sich mit uns in unserer ganzen buchstäblich verdammten Lage solidarisiert, gleich gemacht. Er hat sich in unser Schicksal hineingegeben. Wozu? Nicht nur, »damit klar würde«, dass nun auch wir ihm gehören. Es geht hier nicht nur um intellektuelle Erkenntnis, vielmehr ist ein rechtsgültiger Tatbestand in Kraft gesetzt worden.

Darum wurde im Lauf der Christenheit immer wieder das Bild vom »Bürgen« gebraucht. Jesus ist für mich eingetreten. Er hat sich an meiner Stelle, stellvertretend für mich, unter die Last gebeugt, die auch meine Last ist, nämlich die kompakte Last der Sünde der Welt, der Auflehnung gegen Gott, der Verachtung seiner Heiligkeit. Das ist nicht deshalb geschehen, weil Gott einen Sündenbock brauchte oder gar – wie oft unsinnig und geradezu blasphemisch formuliert wird – »auf Blut stand«. Es ist doch nicht so, dass Gott fordernd mit dem Vorwurf aufgetreten war: »Und wer tritt jetzt für meine Ehre ein? Ich will Blut sehen, Strafe, Vergeltung!« Dass Gott diesen Jesus »dahingegeben« hat, das ist – wie Paulus glasklar formuliert hat – »für den Glauben« geschehen. Gott hat nicht etwas gefordert. Gott hat keine heilige Vergeltung eingeklagt, sondern Gott hat den Menschen etwas gegeben, den Menschen, die keine Vorstellung mehr haben konnten vom heiligen Gott und auch nicht vom liebenden Gott. Ihnen hat er sich in seiner ganzen Heiligkeit und Liebe zu erkennen gegeben, damals, als er ihnen seinen Sohn Jesus Christus hingehalten hat als den Gekreuzigten, als den Hingeopferten. Warum? Weil Gott damit sagen wollte: »Das ist doch für euch geschehen!« Eben so, wie wir es völlig zu Recht beim Heiligen Abendmahl sagen: »Christi Leib, für dich gegeben. Christi Blut, für dich vergossen!« Dadurch (!) soll dieser Glaube entstehen können: »Ich gehöre dem Herrn!« Er hat mich losgekauft vom Verderben, damit ich nun ihm gehöre! Er hat für mich gebürgt, nun liegt meine ganze Zukunft in seinen Händen! »Ob wir nun leben oder sterben, sind wir des Herrn, gehören wir dem Herrn«, wir sind sein Eigen, von ihm angenommen.

In dem so liebenswerten geistlichen Abendlied »Mein schönste Zier und Kleinod bist auf Erden du, Herr Jesus Christ« ist das, was Glaube ist, unüberbietbar schön und einladend beschrieben: »Dein Wort ist wahr und trüget nicht und hält gewiss, was es verspricht, im Tod und auch im Leben!« Vor allem aber gilt: »Denn du bist mein, und ich bin dein, dir hab' ich mich ergeben!« Wenn wir diese Zeile ganz dem Paulus gemäß umformulieren wollten, dann müsste sie lauten: »Denn ich bin dein! Und du bist mein, du hast dich mir gegeben!« So hatte es schon Paul Gerhardt vorgesungen: »Ich bin dein, weil du dein Leben und dein Blut mir zugut' in den Tod gegeben. Du bist mein, weil ich dich fasse!« Das ist Glaube an den Herrn Jesus!

»Wer an Jesus glaubt, wird gerecht gemacht!«

»Wer an Jesus glaubt, wird gerecht gemacht« (Apostelgeschichte 13,39). So lautete der Spitzensatz der evangelistischen Missionspredigt des Paulus. Sie ist uns geradezu stenographisch verlässlich erhalten. Auf diesen Zentralgedanken kam es Paulus, dem Boten des Jesus Christus, entscheidend an: Gott macht jeden gerecht, der an Jesus glaubt! Mit Zweitrangigem wollte Paulus sich nicht lange aufhalten. Vielmehr wollte er bewusst machen, was jeder Mensch elementar braucht, wenn er nicht umsonst gelebt haben soll. Darum sprach er von der wirklich einzigen Möglichkeit, wie denn ein normaler Mensch vor seinem Schöpfer gerecht sein kann: »Jeder, der an Jesus glaubt, wird von Gott gerecht gemacht!«

Auch dieses Hauptthema hatte Paulus sich von Jesus geben lassen. Neben dem, was »Glaube« ist, war das Thema »Gerechtigkeit, die vor Gott gilt, die vor ihm Bestand hat« der zweite Schwerpunkt des Paulus, wenn er das Evangelium von Jesus, dem Sohn Gottes, dargelegt hat.

Der Bergprediger Jesus hatte von einer Gerechtigkeit gesprochen, die noch besser, noch vollkommener ist als die Gerechtigkeit der Pharisäer und Schriftgelehrten (vgl. Matthäus 5,20). Deren Gerechtigkeit aber schien doch wirklich unüberbietbar zu sein. Jesus jedoch meinte: Noch besser, noch vollkommener, noch verlässlicher ist die Gerechtigkeit, die *Gott* einem Menschen gewährt. Wer nach solcher Gerechtigkeit »hungert und dürstet« – so wie es der im Gleichnis geschilderte Zöllner getan hat (vgl. Lukas 18,9-14) –, der wird »satt werden« (vgl. Matthäus 5,6). Denn Gott kann und will »Recht *schaffen*« (vgl. Lukas 18,27). Es gibt also eine »bessere Gerechtigkeit«, nämlich *die* Gerechtigkeit, die Gott schöpferisch wirkt. Mit dieser Gerechtigkeit beschenkt Gott Menschen, die sich danach sehnen.

Das hatte Paulus, der ehemalige Pharisäer, der als solcher »nach dem Gesetz untadelig« gelebt hatte, bei Jesus staunend begriffen.

Darum hat auch gerade er in ganz besonderer Weise uns Christen das Thema »Gerechtigkeit« eingeschärft.

Ein paar Beispiele seien genannt: Durch die Werke des Gesetzes kann kein Mensch vor Gott *gerecht* sein (vgl. Römer 3,20). Sünder werden *gerecht* gemacht durch die Erlösung, die durch Christus Jesus geschehen ist (vgl. Römer 3,23f). Der Mensch wird *gerecht* ohne des Gesetzes Werke, allein durch den Glauben (vgl. Römer 3,28). Aus Gnade macht Gott Gottlose *gerecht* (vgl. Römer 4,4-5). Wer *gerecht* geworden ist durch den Glauben, hat Frieden mit Gott (vgl. Römer 5,1). Die »Fülle der Gnade« besteht nicht in diesen oder jenen Wohltaten oder in ungewöhnlichen »Gnadengaben«, sondern in der »Gabe der *Gerechtigkeit*« (vgl. Römer 5,17). Die Gnade des Christus Jesus »hilft aus vielen Sünden zur *Gerechtigkeit*« (vgl. Römer 5,16).

Über das alles hinaus hat Paulus – gerade auch im Römerbrief – etwas Entscheidendes getan: Als ein zum Schriftgelehrten Ausgebildeter war er ja in der Bibel Israels zu Hause. Er hat seinen Volksgenossen deutlich gemacht: Jetzt ist in Jesus erfüllt, was schon so lange von den Propheten Gottes angekündigt worden war! Aber auch für uns soll es zum Aufatmen kommen können: Gottes heiliger Plan war so lange zuvor schon konzipiert worden! Dass Sünder gerecht werden können, ist keine Marotte des Paulus. Vielmehr ist es die Zielgerade, die Gott schon seit Urzeiten angesteuert hatte. Das soll doch auch uns bis ins Sterben hinein wichtiger werden als Erleichterung der Schmerzen, Befreiung von Angst, sogar wichtiger noch als ein würdiges Sterben: dass wir unsichtbar eingehüllt werden in die Gerechtigkeit Gottes. »Das ist mein Schmuck und Ehrenkleid, damit will ich vor Gott bestehn, wenn ich zum Himmel werd' eingehn!«

Weil es Gott und seinem Sohn Jesus darauf ankommt, dass uns diese Gerechtigkeit unüberbietbar wichtig wird, signalisiert Paulus immer wieder: Das ist es doch, was seit den Propheten klar und deutlich durch Gott angekündigt war: »Er, mein Knecht, der Gerechte, wird den Vielen *Gerechtigkeit* schaffen« (Jesaja 53,11).

Und ganz ähnlich und dazu gleich zweimal – unüberhörbar! – in den fast gleich lautenden Aussagen des Jeremia: »Siehe, es kommt die Zeit, spricht der Herr (Jahwe), dass ich dem David einen gerechten Spross erwecken will, … der Gerechtigkeit üben wird. … Und dies wird sein Name sein, mit dem man ihn nennen wird: ‚Der Herr (Jahwe) unsere *Gerechtigkeit*'« (vgl. Jeremia 23,5-6 mit 33,15-16). Paulus erinnerte auch an David, der in Psalm 32 »den Menschen selig preist, dem Gott die Gerechtigkeit zurechnet« (Römer 4,6). In Römer 3 erinnert Paulus mit kurzen Hinweisen an den »Gnadenstuhl« im Tempel (damit ist der Sühnedeckel der Bundeslade im Allerheiligsten gemeint), wo mindestens einmal im Jahr die ganze Sünde Israels an Gott abgegeben werden konnte. Paulus wollte damit sagen: »Leute, begreift doch, Gott hatte doch schon lange vor, was jetzt mit der Gerechtigkeit des Jesus in Kraft getreten ist!«

Dies alles hat Paulus nicht eben nur aufgelistet. Er hat es nicht nur als den Kern des Jesus-Evangeliums wieder und wieder groß herausgestellt und in den Zusammenhang mit der Bibel Israels gebracht. Er hat es auch seelsorgerlich durchbuchstabiert, anhand von konkreten Situationen durchdacht, was es bedeutet, von Gott gerecht erklärt worden zu sein.

Er hat es vor seinem geistigen Auge gesehen, wie Christen von ihren Zeitgenossen kritisch beäugt werden. Er hat es vorausgesehen, dass dann die Anschuldigungen losgehen werden: »Die meinen wohl, etwas Besonderes zu sein! Die wollen uns vormachen, sie wären besser, heiliger, vollkommener! Unsinn! Was wir von denen alles wissen! Die sind doch durch und durch scheinheilig!«

Dass man solche Vorwürfe gar nicht alle einfach abstreiten und erst recht nicht abstreifen kann, das wusste Paulus auch. Nüchtern hat er erkannt, dass es nicht nur böswillige Unterstellung ist, was an den Christen kritisiert wird. Aber deshalb hat er nicht etwa gesagt: »Lasst euch bloß nicht beirren; die anderen sind auch nicht besser!« Sondern er ließ die ihm anbefohlenen Christen wissen: »Wer will die Auserwählten Gottes beschuldigen? Gott ist hier, der *gerecht macht*« (vgl. Römer 8,33)! Unser Gott ist es, der uns um seines Sohnes Jesus willen bescheinigt: »Genau die so *zu Recht* Angeklagten, die so *zu Recht* Beschuldigten, die gehören zu mir. Ich mache Gottlose gerecht, die sich an Jesus halten!« »Die Gott berufen hat – auch gerade diese ‚verlorenen Söhne und Töchter' –, die hat er auch gerecht gemacht« (vgl. Römer 8,30).

Am Schluss von Kapitel 8 des Römerbriefs wird herausgestellt: »Nichts, nein wirklich nichts, aber auch gar nichts kann uns scheiden von der Liebe Gottes, die in Christus Jesus ist!« Man muss genau zuhören: »In Christus Jesus!« Die Liebe Gottes ist also nicht abzulesen aus dem Toben der Elemente. Aus der Schöpfung mag man die Majestät des Schöpfers ablesen können. Aber die Liebe Gottes ist bestimmt dort dann nicht mehr zu finden, wenn das herrliche Instrument meines Körpers auch nur an einer Stelle verrückt spielt oder wenn etwa eine Naturkatastrophe Menschenleben vernichtet.

Es wird bis weit hinein in die Christenheit viel zu viel von der Liebe Gottes bloß gefaselt. Früher war man in diesen Dingen ernsthafter, zumindest manchmal. Etwa, wenn man gesungen hat: »Gott ist die Liebe, lässt mich erlösen!« Ja, »er sandte Jesus, den treuen Heiland« für Leute, die in »schweren Banden der schnöden Sünde« lagen. Das ist Evangelium, verlässliche, gute Kunde, gültiges Faktum: Die Liebe Gottes ist komprimiert, ablesbar, in Kraft getreten und darum abrufbar »in Christus Jesus«. »Er liebt auch mich«, der mich unerlösten, durch und durch irdisch gesinnten Menschen gerecht macht. Zu ihm, den Gott mir zum Glauben, für den Glauben hingehalten hat, darf und kann ich rufen: »Ohne dich möchte ich keinen Tag mehr leben!«

Wer so den Namen des Herrn anruft, wird gerettet (Römer 10,13). Wenn das nicht großartig ist!

Ich will keine Wetterfahne sein! Wichtiger als alles, was auf der Tagesordnung der Welt aufgelistet wird, soll mir Gottes Tagesordnung werden: Gott möchte mich zusammen mit allen, die an Jesus glauben, gerecht machen!

5 Ein Credo der Christenheit

Das Credo mit Tradition

Was mit dem »Credo« gemeint ist, war lange Jahrhunderte hindurch klar. Gemeint war nämlich das christliche Ur-Bekenntnis, das so genannte »Apostolische Glaubensbekenntnis«. Denn dieses Bekenntnis beginnt mit den Worten »*credo in unum Deum*« – »Ich glaube an den einen Gott!« Zwar ist dieses Credo schon vor mehr als 1800 Jahren entstanden, aber bis zum heutigen Tag gilt es als gemeinsame Grundlage aller Christen. In erstaunlicher Präzision ist es eine komprimierte Zusammenfassung biblischer Wahrheit. Das Bekenntnis sollte Hilfe sein gegen alle religiöse Verwirrung und gegen alle pseudo-christliche Verführung. Es war und ist bis heute die Grundsatzerklärung der gesamten Christenheit – ob orthodox, ob römisch-katholisch oder in den unterschiedlichen Ausprägungen des Protestantismus.

Die Reformatoren hatten an der mittelalterlichen Kirche ihrer Tage viel auszusetzen, an ihrer Frömmigkeit, an ihrem Gottesdienst, an ihrer Theologie, an ihrer Praxis. Aber nie war die Grundsatzerklärung der »hohen Artikel von der göttlichen Majestät« umstritten. Das Apostolische Glaubensbekenntnis verdient Aufmerksamkeit, ja sogar Hochachtung. Ihm gebührt gerade heute ein entschiedenes, entschlossenes, bewusstes »Ja«.

Was aber ist ein »persönliches Credo«?

Heute wird der Begriff »Credo« aber gedankenlos missbraucht. Da ist etwa zu lesen: »Das persönliche Credo des Bürgermeisterkandidaten besteht in der Liebe zum Bergwandern!« Oder: »Das persönliche Credo der neuen Schulleiterin lautete, dass sie allen Kolleginnen und Kollegen vertrauensvoll begegnen möchte.« Was diese gängig gewordene Begriffs-Schluderei ausdrücken möchte, hat selten mit religiöser Einstellung zu tun. Statt »Credo« könnte man viel exakter sagen: »So bin ich eben nun einmal ganz persönlich eingestellt!«

Sofern jedoch ein solches »persönliche Credo« wirklich mit Religiösem zu tun haben sollte, ist es meist auf die Grundmelodie gestimmt: »Nach meiner Meinung sehe ich die Sache mit dem Glauben, mit Gott, mit der Bibel, mit der Kirche etwas anders als die offizielle Lehre! Denn ich kann dem nicht zustimmen, was bisher Christen in ihren Bekenntnissen als wichtig betont und als ausschließlich herausgestellt haben. Ich denke darüber etwas anders.«

Mit solch einem »persönlichen Credo« kann man sich heute viele Freunde machen. Manche geben es sogar als »missionarisches« Bekenntnis aus, »weil es doch Leute zum Sympathisieren mit dem Christentum einlädt«. Aber was ist das denn für ein »Christenglaube«, der sich selbst nicht mehr ganz ernst nimmt?

Vor nicht allzu langer Zeit outeten sich Leser einer evangelischen Wochenzeitung mit ihren Ansichten darüber, was denn »Sünde« sei. Eigentlich ist ja in der Bibel schon lange und endgültig schwarz auf weiß geklärt, was Gott traurig macht und was alles dazu beiträgt, dass alle Menschen einen Erlöser brauchen. Aber die kurzen Antworten der Befragten fingen meist an mit Worten wie: »Nach meiner Meinung ...« oder: »Ich verstehe das so!« Was soll das eigentlich?!

Als junger Vikar konnte ich ein überaus eindrückliches Studienjahr in den USA zubringen. Ich kam aus dem Nachkriegs-Deutschland. In Amerika traf ich athletisch gebaute, wohlgenährte Mitstudenten, mit Pfiff gekleidet. Erst recht waren die Studentinnen zum Staunen! Mindestens jede Zweite war so etwas wie eine Schönheitskönigin. Und wie diese jungen Amerikaner sich über geradezu alle Themen unterhalten konnten! Sie liebten Beethoven, sie liebten auch Martin Luther, sie liebten sogar süße Kartoffeln. Nie gerieten sie in harte Diskussionen, noch nicht einmal über politische Standpunkte. Da konnte man hören: »Ich bin Republikaner, du bist Demokrat. So what?« Sogar politische Überzeugungen sind doch eine Frage des

Geschmacks, eben wie süße Kartoffeln. So etwas klingt freundlich und tolerant. Denn auch in Glaubensfragen kann man dann feststellen: »Du hast es eben mit östlicher Meditation und Yoga, ich bin mehr für die indianische Mutter Erde!« – »Du hältst viel von Buddha, ich halte eben viel von Jesus! Gut, was soll's?«

Das Credo der Kirche hingegen ist nicht so tolerant-gleichgültig. Es meint mit seiner Aussage »ich glaube« auch kein verschwommenes subjektives Ermessen. Es meint vielmehr ein zuversichtliches Ergreifen der Rettungsaktion Gottes und ein unerschütterliches Festhalten an biblisch bezeugten Tatbeständen. Das »Credo« sagt, was wirklich und wahrhaftig gilt. Eigentlich kann nur ein Mensch dann ein religiöses »persönliches Credo« haben, wenn er sich selbst eminent wichtig nimmt, wichtiger als die göttliche Offenbarung, wichtiger als die biblischen Zeugen, wichtiger als die Gemeinschaft der Christenheit quer durch die Jahrhunderte. Welche Vermessenheit!

Ist das alte Credo denn heute noch zumutbar?

Es wird ja viel an diesem alten Credo des Apostolischen Glaubensbekenntnisses herumgemäkelt. Es sei so schwer verständlich. Es sei zu kompakt, zu komprimiert. Die Taufeltern und Taufpaten könnten es nicht mehr auswendig sprechen und gleich gar nicht verstehen. Es sei unverantwortlich, solche unverständlichen Formulierungen etwa den Konfirmanden zum Auswendiglernen zuzumuten. Was soll denn die Jungfrauengeburt und die Himmelfahrt – und überhaupt: die Trinität, wozu sollen denn diese Vorstellungen heute noch gut sein?

Diese Einwände kenne ich alle. Ich weiß, dass sich Menschen wirklich schwer tun, etwa mit dem so oft missverstandenen Satz »geboren von der Jungfrau Maria«. Da hat John Updike, der moderne amerikanische Romancier, schon etwas mehr begriffen, als er sagte: »Ohne eine übernatürliche Rettungsaktion ist doch unsere ganze irdische Existenz sinnlos!« Und apropos »Trinität«: Wenn man sie ernster genommen hätte, dann wären sicherlich weniger Menschen auf die religiösen Schalmeienklänge eines Adolf Hitler hereingefallen. Hitler konnte ja vermeintlich fromm von der »Vorsehung« sprechen. Je schrecklicher der Krieg wurde, desto mehr sprach Hitler davon, sogar dann und wann vom »Allmächtigen«. Das war ja ein Rückgriff auf die Formulierungen des Bekenntnisses (»Ich glaube an Gott, den Vater, den Allmächtigen« und »er sitzt zur Rechten Gottes, des allmächtigen Vaters«). Viele ließen sich zur irrigen Meinung verführen, Hitler hielte es mit Gott. Dabei hätte klar sein müssen: Das Bekenntnis der Christenheit spricht nicht einfach vom »Allmächtigen«, sondern vom »allmächtigen Vater«, nämlich vom Vater des Herrn Jesus Christus (»und an seinen Sohn, Jesus Christus«). Wer nicht im gleichen Atemzug, in dem er von Gott redet, auch fähig ist, von Jesus zu reden, der meint einen anderen Gott als die Christenheit. Der meint vielleicht Wotan oder Ziu oder Vitzliputzli, aber nicht den Vater des Christus Jesus. Das ist der Sinn der Trinitätslehre. Auch wenn noch so pathetisch vom »neuen Geist« geredet wird, ist es doch nur dann der »Heilige Geist«, wenn durch ihn Jesus Christus als Sohn des ewigen Vaters groß herauskommt.

Das Credo hilft dazu, sich als Christ zu outen

Es ist in unseren Tagen »in«, sich zu »outen«, also sich öffentlich zu bekennen: zu seinem ungewöhnlichen Lebensstil, zu seiner unheilbaren Krankheit, zu seinen exotischen Hobbys, zu seinen verworrenen Familienverhältnissen, zu seinen verqueren Anschauungen. Ein führender Politiker hat einer anderen Leitungspersönlichkeit gedankt, dass sie sich öffentlich zu ihrem homosexuellen Lebensstil »bekannt« habe. Man beachte den Sprachgebrauch! Derselbe Politiker war jedoch nicht bereit gewesen, bei seiner Vereidigung die Formel zu sprechen »so wahr mir Gott helfe!« Zur Begründung sagte er, sein Verhältnis zu Gott sei seine ganz persönliche Angelegenheit. Das ist der Geist der Zeit! Mit allem kann man sich »outen«, aber das Religiöse gehört ins Verborgene, ins stille Kämmerlein!

Wie ganz und gar anders denkt da bis heute Israel! Was Menschen an Gott haben (oder haben können), das gehört laut bekannt! »Wir haben einen Gott, der da hilft, und den Herrn, der vom Tode errettet!« (Psalm 68,21). Das gehört mit Pauken und Trompeten bekannt gemacht. Bis in unsere Tage hinein ist es mitzuerleben, wie im Synagogengottesdienst immer aufs Neue das Grundbekenntnis Israels angestimmt wird, das »Sch'ma Israel«: »Höre Israel, der Herr, dein Gott, ist Gott allein; und du sollst Gott lieben von ganzem Herzen und von ganzer Seele und mit allen deinen Kräften!« (vgl. 5. Mose 6,4f). Da ist Freude wie bei einer Braut zu spüren, ja sogar Stolz: »Was für ein Vorrecht, mit einem solchen Gott leben zu können!«

Schon das Alte Testament und erst recht das Neue Testament sind durchzogen von solchen Bekenntnissen, von solchen Credo-Formulierungen. Die Mehrzahl der Psalmen, die Gott preisen, verdanken wir dem bekennenden Israel. Diese Psalmen und die nicht wenigen anderen Bekenntnisse, die sich in der Bibel finden, sind dankbar anerkennende Reaktionen auf die Wunder, die Gottes Liebe gewirkt hat. Sie haben den gleichen Unterton wie die Bekenntnisse der ersten Christenheit: »Wir können es ja nicht lassen, dass wir nicht reden sollten von dem, was Gott unter uns getan hat!« (vgl. Apostelgeschichte 4,20). Zu allen Zeiten hat es die Leute Gottes zu Bekenntnissen gedrängt. Sie waren Reaktion auf die Güte Gottes, die sie erfahren hatten. Sie waren lautes Bekanntmachen dessen, was ihnen Gott wichtig gemacht hatte. Sehr oft wurden persönliche Bekenntnisse – wie die meisten der Psalmen – zu gemeinsamen Bekenntnissen des Volkes Israel, ja sogar bis heute auch zu Bekenntnissen der Christenheit. Das ist geradezu das Wesen echter und rechter »Bekenntnisse«, dass sie auch von anderen Glaubensgenossen mitgesprochen werden können. Sie sollen ja gerade *nicht* auf subjektive, persönliche Ansichten eingeengt sein! Anders herum wird ein Schuh daraus: Die Bekenntnisse des Volkes Gottes sollen eine Hilfe dazu werden, dass einzelne Menschen persönlich bezeugen können: »Auch ich habe das erlebt, auch mir ist das zur Gewissheit geworden, auch ich will mich daran festhalten!« Das Credo kann und will dazu verhelfen, dass Glaubende sich gegenüber Zweifelnden, Andersgläubigen und auch Ungläubigen mit dem Wesentlichen ihrer Gewissheit »outen« und sich damit als Glieder der Christenheit einladend vorstellen.

Das »Credo«, so hat es der Reformator Martin Luther gesagt, ist wie ein »Panier«, also wie ein Feldzeichen, an dem man erkennt, was denn das für ein »Haufe« ist. Es ist wie eine Parole, unter der sich sammelt, was zusammengehört. Es ist ein Erkennungszeichen für solche, die wieder ihren »rechten Haufen« suchen, zu dem sie gehören. Darum hat der Reformator den alten Litaneien-Text »*credo in unum Deum*« (also: »*ich* glaube an den einen Gott«) wiedergegeben mit der Formulierung: »*Wir* glauben all an einen Gott!«

Christliche Bekenntnisse sind komprimierte Bibelinformation

Die Bekenntnisse der Christenheit sind nicht von finsteren Christentums-Ideologen verfasst worden, die sich selbst etwas zusammengeschustert hätten. Vielmehr sind die Bekenntnisse komprimierte Bibelinformation.
Das war schon so bei den ersten Urformen des Apostolischen Glaubensbekenntnisses. Das war aber auch so beim reformatorischen Augsburgischen Bekenntnis von 1530. Das war nicht zuletzt so bei der Theologischen Erklärung von Barmen, die 1934 gegen die Irrtümer der damaligen »Deutschen Christen« verfasst wurde.

Schon die Urchristenheit wurde beinahe verschlungen von einer mächtigen religiösen Strömung. Man nannte sie »Gnosis«. In der Bibel taucht sie auf als die »fälschlich so genannte ‚Erkenntnis'« (1. Timotheus 6,20). Diese Gnosis war eine Geheimwissenschaft. Sie dachte hoch von Engeln und von der Seele. Die Engel waren fast wichtiger als Christus. Man verehrte die Schlange und auch Eva, die gegen den ungeliebten Schöpfergott aufbegehrt hatten. Ähnliches gibt es ja auch in unseren Tagen. Gegen dies alles blieb die junge Christenheit bei der biblischen Aussage: »Ich glaube, dass es der Vater des Jesus ist, der als Allmächtiger Himmel und Erde gut geschaffen hat.«

In der Reformationszeit war der kluge und hoch angesehene Erasmus von Rotterdam einer der Hauptgegner Martin Luthers. Erasmus vertrat die Ansicht, dass der Mensch doch irgendwo ganz tief in sich drin einen guten Kern habe. Dagegen bekannte die Reformation mit Luther im Augsburgischen Bekenntnis von 1530 – im Anhang des Gesangbuches nachzulesen –, dass wir Menschen von Geburt an zum Guten unfähig sind, voll Neigung zum Bösen und nicht in der Lage, wahrhaft Gott und den Nächsten zu lieben. Damit hat das Bekenntnis aufgenommen, was auch Jesus vertreten hat: »Aus dem Herzen des Menschen kommen arge Gedanken: Mord, Ehebruch, Hurerei, falsches Zeugnis, Lästerung« (Matthäus 15,19).

Als zu Beginn des Hitlerstaates davon gefaselt wurde, dass Hitler ein Prophet Gottes sei und dass die nationale Erhebung vom Heiligen Geist gewirkt sei und dass sie eine Offenbarung Gottes darstelle, die man glaubend und gehorsam anzunehmen habe, da stellte die so genannte »Bekennende Kirche« fest – und sie bezog sich damit auf die Bibel: »Jesus Christus ist das eine Wort Gottes, das wir zu glauben und dem wir im Leben gehorsam zu sein haben!«
Die von Gott mit seinem Geist durchhauchte Bibel ist »nützlich zur Lehre«! Und das Bekenntnis stellt gegen alle Verkehrung die biblische Wahrheit heraus. Sie grenzt sich damit von aller Verdrehung der Wahrheit ab. Sie distanziert sich damit von zentralen Aussagen der Religionen und Ideologien.

Wie ist das aber mit dem Zweifel?

Es ist doch klar, dass Menschen Zweifel haben an der Allmacht Gottes und an seiner Herrschaft über Himmel und Erde, an der Gottessohnschaft von Jesus, an seinem Leiden zu unserer Erlösung, an seiner Auferstehung, an seinem zukünftigen Wiederkommen. Zweifel sind etwas ganz Normales; denn wir Menschen sind nun einmal nicht gewohnt, dass Gottes Welt in unsere Welt einbricht. Über Zweifler sollen sich Christen erbarmen (vgl. Judas 22), so wie Jesus sich über den zweifelnden Thomas erbarmt hat. Aber der Zweifel kann nicht Grundlage der Lehre, der gemeinsamen Glaubensaussage sein. Zweifel können und wollen wir nicht verleugnen. Aber Zweifel sind nicht zum Predigen da, sondern dazu, dass sie durchlitten und überwunden werden. Schließlich muss Zweifel nicht darin seine Ursache haben, dass etwas zweifelhaft ist, sondern dass viele Menschen nun einmal extrem misstrauisch sind.

Zu allen Zeiten hat es darum Menschen gegeben, welche sich die Aussagen der Bibel auf ihre höchstpersönliche Weise zurechtgebogen haben. Schon früh hat es Menschen gegeben, die der Ansicht waren: »Ich meine, dass das Sterben von Jesus am Kreuz überhaupt nicht so wichtig ist; vielmehr empfinde ich es als wichtiger, sich den Nazarener Jesus zum Vorbild der Nächstenliebe zu nehmen!« Dagegen hat die Christenheit mit dem Apostolischen Bekenntnis klar dargelegt: Wichtiger als alle Predigten des Christus, wichtiger als seine Bergpredigt und seine liebevolle Zuwendung zu Menschen war das »gelitten unter Pontius Pilatus, gekreuzigt, gestorben und begraben, hinabgestiegen in das Reich des Todes, am dritten Tage auferstanden von den Toten«.

Es hat auch zu allen Zeiten Leute gegeben, die haben sich zurechtgelegt: Jesus ist gar nicht wirklich Mensch gewesen, er ist auch nicht real am Kreuz gestorben, sondern er hat einen Scheinleib gehabt; die Menschen haben nur in einer Art Verblendung gemeint, er sei ein reales Gegenüber. Dagegen hat das Bekenntnis festgehalten: Er hat mit Maria eine Mutter gehabt, wie wir alle eine Mutter hatten. Er war Mensch wie wir und doch völlig anders als jeder von uns! Er ist empfangen vom Heiligen Geist!

Aber mit solchen Formulierungen sind ja nicht die Zweifel ausgeräumt. Im Gegenteil! Oft werden die Zweifel durch die geradezu provozierend wirkenden knappen Aussagen der Bekenntnisse noch angestachelt. Darum haben immer wieder Menschen versucht, neue Bekenntnisse zu formulieren, mit denen die schlimmsten Stolpersteine ausgeräumt werden sollten. Es ist solchen neuen Formulierungen abzuspüren, dass sie dem modernen Menschen ersparen wollen, an Schwerverständlichem aus dem Tritt zu geraten. Aber die neuen Formulierungen sagen mit mehr Worten weniger aus als die alten Bekenntnisse mit ihren komprimierten Sätzen. Die modernen »Bekenntnis-Versuche« sind so schrecklich steril! Man spürt ihnen keine Freude ab über das, was uns Gott zu erkennen gegeben hat, und über das, was Gott zu unserem Heil gewirkt hat! Sie sind so wenig mutig im Angehen gegen Irrglauben! Sie sind so nachgiebig gegenüber dem Zweifel, wo es doch darum gehen müsste, die Christenheit in gemeinsamen, aufbauenden Aussagen zu einen. Diese neuen, sehr subjektiv gehaltenen Bekenntnisformulierungen machen aber deutlich, wo ihre Verfasser sich mit den Formulierungen des traditionellen christlichen Credos schwer tun. Kurz: Es sind ganz stark subjektiv gefärbte, persönlich geprägte Aussagen, die sich peu à peu verabschieden von dem, was in 2000 Jahren in großer Gemeinsamkeit als verbindlich verstanden wurde. Der württembergische Landesbischof Dr. Martin Haug (1895–1983) hat einmal zu einem solchen »modernen« Credo in wahrer bischöflicher Verantwortung Stellung genommen. Er sagte damals vor dem »Offenen Abend« im dicht besetzten Stuttgarter Hospitalhof: »Im klaren Licht der biblischen Botschaft sehe ich in dem Credo von Frau Dr. Sölle einen neu aufgerichteten und neu beschriebenen Wegzeiger, der zu einer Zisterne führt, die wohl noch ein wenig Wasser vom letzten Regen enthält, das aber in dem Glutwind unserer säkularistischen Zeit sehr rasch vollends verdunsten wird. – Im Credo der Kirche hingegen sehe ich noch immer einen alten, schwer lesbar gewordenen und der Auffrischung, ja neuer Beschriftung bedürftigen Wegzeiger, der noch immer in die rechte Richtung weist: zu der strömenden Quelle, durch die der ewige Gott – Vater, Sohn und Heiliger Geist – der Welt auch heute Heil und Leben, Gerechtigkeit und Frieden spenden will. – Ich meine, wir sollten uns auch gerade heute – in der Wirrnis und in der Dürre unserer Zeit – von allen Zisternen weg aufs Neue zum immer frischen Quell der Wahrheit und des Lebens weisen lassen.«

Wichtiger als all die neuen Formulierungsbemühungen ist also, Bekenntnisse zu erklären, zu interpretieren, sie in biblischer Wirklichkeit neu aufblühen zu lassen. Wichtig ist gerade heute, klar werden zu lassen, vor welchen Missverständnissen das gute alte Bekenntnis bewahren will und kann.

Ich tue mich schon mit den vielfältigen Funktionen eines Handys und erst recht meines Notebooks unsagbar schwer. Aber das liegt nicht an den modernen elektronischen Geräten und ihren Geheimnissen, sondern das liegt an mir. Man muss mich mit Geduld und pädagogischem Können in diese Wunderwerke der Technik einführen. Dabei ist wichtig, dass ich mich in diese moderne Wunderwelt einführen lassen *will*. Nicht viel anders ist es mit dem Wunderwerk der so kompakt formulierten Bekenntnisse. Aber es lohnt sich, in diese Aussagen einzudringen. Schließlich will Gott, dass Menschen zur Erkenntnis der Wahrheit kommen (vgl. 1. Timotheus 2,4).

Des »rechten Glaubens Trost«

In Krankheitstagen habe ich viel ermutigende und Anteil nehmende Briefe bekommen. Das Hilfreichste jedoch war eine Karte, auf der neben den Namen der Absender nichts als der erste Artikel des so genannten »Heidelberger Katechismus« zu lesen war. Das war nicht strohern oder verstaubt. Das war nicht abstrakt, nein, es war ganz konkret! Vor allem war es tröstlich! »Das ist der einzige Trost im Leben und im Sterben, dass ich mit Leib und Seele, beides im Leben und im Sterben, nicht mein, sondern meines getreuen Heilandes Jesus Christus eigen bin!« Rechter Christenglaube *ist* tröstlich.

Wenn also Christen Mitmenschen zu trösten haben, dann sollten sie einander Wichtigeres zusprechen als »Es wird schon wieder werden!«, nämlich etwa: »Ich glaube, dass Jesus Christus ... sei mein Herr, der mich verlorenen und verdammten Menschen erlöst hat, erworben und gewonnen von allen Sünden, vom Tod und von der Gewalt des Teufels, ... auf dass ich sein Eigen sei!«

Ich will keine Wetterfahne sein! Wenn die Apostel und die frühen Christen den Glauben »peinlich dumm« formuliert haben sollten, dann möchte ich so dumm sein wie sie. Ihnen traue ich mehr Ursprünglichkeit zu als den vom Zeitgeist vernebelten Besserwissern unserer Tage, die mit viel mehr Worten weniger sagen als die alten Bekenntnisse.

6 Gottes Gebote für den Menschen

Die armen Menschen!

Was die Zehn Gebote wollen, ist klar – sie sind einleuchtend. Sie sind die verlässlichen Fundamente menschlichen Zusammenlebens – egal ob im Jahr 2000 vor Christus oder heute im Jahr 2006 nach Christus, ob im afrikanischen Busch oder in der Mega-City Los Angeles. Das ist ja auch der Grund dafür, dass sich im uralten babylonischen Codex Hammurapi Sätze finden, die den Zehn Geboten ähnlich sind. Sie sind sogar so sehr ähnlich, dass schon geargwöhnt wurde, Israel habe sie von dort abgekupfert. Die Zehn Gebote sind also nichts Fremdes, nichts Abstruses, nichts den Menschen Aufgepfropftes!

Die Zehn Gebote sind zudem wohltuend. Kurt Hennig (1910–1992), Dekan in Esslingen und wortgewaltiger Sprecher der Evangelikalen in den Synoden Württembergs und der EKD, war als Nachkriegs-Jugendpfarrer von Stuttgart einer meiner Seelsorger. Es war eine besondere Begabung von ihm, die Zehn Gebote auszulegen. Später erschienen diese praktischen, konkreten, anschaulichen Auslegungen und Betrachtungen in Buchform unter dem Titel »Das Grundgesetz Gottes«.

Damals in der Nachkriegszeit war es für uns junge Leute eine unsagbar große Hilfe, an Gottes gute Gebote erinnert zu werden. Es ist ja schon für kleine Kinder geradezu lebensnotwendig, dass sie einen festen Ordnungsrahmen haben. Es muss klar sein, wann aufgestanden wird und wann Bettruhe sein soll, zu welchen Zeiten gegessen wird und wann sie zu Hause sein müssen oder bei wem sie sich abzumelden haben, wenn sie längere Zeit weggehen. Nicht anders ist es uns vorgekommen, als uns in diesen Jahren des unvorstellbaren Durcheinanders Gottes Gebote als die »Hausordnung Gottes« ausgelegt wurden. Das war hilfreich für uns! Gottes Gebote kamen uns damals nicht als Last vor. Im Gegenteil!

So sind sie auch gemeint, diese zehn »Grund«-Sätze. Sie waren verpflichtend für Israel, das »Volk des Eigentums« Gottes. Aber einleuchten konnten sie jedem Menschen. »Es ist dir gesagt, *Mensch*, was gut ist« (Micha 6,8). Das, was jeder Mensch mit einigermaßen unverdorbenem Gewissen zutiefst wissen kann, das hat Gott in den Zehn Geboten schwarz auf weiß niedergelegt. Eigentlich sind die Gebote Gottes überhaupt nichts Neues und nichts Fremdes.

Umso notvoller wurde aber dann doch das, was sich seit jenen Nachkriegsjahren ereignet hat. Schreckliche Missstände sind auch in unserem Land eingerissen. Das Gute wird vielfach überhaupt nicht mehr »gewollt«! Heute hält man ohne jede Scham Dinge für richtig, die noch vor 15 Jahren undenkbar schienen. Was noch vor zwanzig Jahren sogar auf dem Index des Strafrechtes stand, wird heute in manchen Landeskirchen »abgesegnet«. Darüber zu schelten nützt allerdings nichts. Wir sollten vielmehr Mitleid haben mit Menschen, die keinen Ordnungsrahmen mehr haben, keine Maßstäbe mehr kennen und meinen, für sie gäbe es keine Schranken und Zäune mehr. Diese Armen! Sie »versprechen Freiheit, obwohl sie selbst Sklaven des Verderbens sind« (2. Petrus 2,19).

Eine Zeitlang habe ich noch gemeint, von der jungen Generation den Aufschrei zu hören: »Gebt uns Maßstäbe!« Damals war ich Leiter des Evangelischen Jungmännerwerks in Württemberg. Das Jugendtreffen 1968 in Stuttgart hatte darum dieses Motto. Aber wenn es dieses Schreien je wirklich gegeben hat, dann ist es wohl inzwischen verstummt oder mindestens sehr leise geworden. Umso größer ist das Durcheinander! Man kann sich über jede Geschmacklosigkeit und ethische Perversion detailliert informieren lassen, ohne einen roten Kopf zu bekommen oder sich verstecken zu müssen. Aber was man tun und was man lassen sollte, was gut und was böse ist, das wissen so viele nicht mehr!

Es wäre darum überlebensnotwendig für unsere Gesellschaft, ja für die Menschheit, dass die Zehn Gebote Gottes wieder als verlässlicher Ordnungsrahmen bekannt gemacht und auch ernst genommen würden. Gottes Gebote gehören eingepaukt, eingetrichtert, zur Pflichtlektüre gemacht – eben so ähnlich, wie Schulanfängern die elementarsten Anweisungen für den Straßenverkehr beigebracht werden (»Zuerst links schauen, dann rechts, dann wieder links und erst dann losgehen!« – »Nicht hinter parkenden Autos und Lastwagen die Straße überqueren!«). Sie gehörten in jedem Haushalt ans »Nicht-vergessen-Brett« gepinnt. Sie sind doch schließlich wichtiger als die Termine für die Müllabfuhr.

Es kann so nicht weitergehen mit dem Zerstören fremden Eigentums – ob das nun Telefonzellen sind oder S-Bahn-Polster. Es kann so nicht weitergehen mit dem Betrügen und Lügen, mit den Zoten und dem Fremdgehen, mit der Zerstörung von Ehen, mit dem Abschieben von Senioren und von Kindern, mit dem völlig aus den Fugen geratenen Egoismus, mit dem unaufhörlichen Mehr-haben-Wollen, mit der Ehrfurchtslosigkeit vor Gott und vor menschlichen Autoritäten, mit dem Schwarzfahren, dem Rasen mit Fahrrädern und Autos und mit dem Stehlen. Es kann nicht so weitergehen mit der schamlosen Übersexualisierung in Werbung und Sprache, mit der Korruption, mit dem Anspruchsdenken und mit dem Morden auf den Straßen. Erst recht kann es nicht weitergehen mit dem monströsen Unrecht, dass wir alle gewissenlos auf Kosten nachkommender Generationen leben. Genug – das Klagelied kennen alle! Anstand und Ehrlichkeit verstehen sich nicht mehr von selbst!

Das eigentlich Selbstverständliche ist nicht mehr selbstverständlich

Die Zehn Gebote kommen den meisten unserer jungen und alten Zeitgenossen völlig unzeitgemäß vor. Das habe ich immer wieder im Gespräch mit Konfirmanden und auch ihren Eltern gemerkt: »Stehlen? Das machen doch alle!« »Abtreiben ist doch besser, als dass ein Kind ein unglückliches Leben hat!« »Es ist doch blöd, dass am Sonntagmorgen nicht Fußball gespielt werden darf!« Eine Ausnahme gab es nur, wenn das Gebot »Du sollst nicht ehebrechen« dran war. Da meldeten sich die Kinder aus auseinander gebrochenen Ehen und setzten sich dafür ein: »Scheidung, nein, das sollte es nicht geben! Das gehört verboten!« So eindeutig hörte es sich dann oft bei Erwachsenen nicht mehr an, etwa wenn ich mit Kirchengemeinderäten sprechen musste, in deren Gemeinden die Ehe der Pfarrleute gescheitert war. Vielmehr hieß es da erschreckend oft: »So etwas ist doch heute normal! Damit muss man rechnen! Da sollte man niemandem irgendeine Schuld geben! Man sollte diese schmerzlichen Dinge nicht auch noch hochspielen!«

Dass Diebstahl, Betrug, Mord, Ehebruch oder Lüge nichts Normales sind, das zeigen die Produktionen der Verlage, der Fernsehanstalten, der Filmfabriken. Doch haben sie aus dem Unnormalen Unterhaltung gemacht, Nervenkitzel. »Sie haben es für nichts geachtet, Gott zu erkennen. So hat Gott sie dahingegeben in verkehrten Sinn, sodass sie tun, was nicht Recht ist, voll aller Ungerechtigkeit, Schlechtigkeit, Habgier, voll Neid, Mord, Hader, List, Niedertracht, Zuträger, Verleumder, Gottesverächter, Frevler, hochmütig, prahlerisch, erfinderisch im Bösen, den Eltern ungehorsam, unvernünftig, treulos, lieblos, unbarmherzig ... Sie tun es nicht allein, sondern sie haben auch Gefallen an denen, die es tun« (Römer 1,28-32). Es ist spannende Unterhaltung geworden mitzubekommen, wie Gottes gute Ordnungen geradezu mutwillig gebrochen und zerstört werden.

Da hört man vermessene Worte wie: »Man kann schließlich nicht im Computerzeitalter leben und sich noch nach Maßstäben richten, die einmal vor mehreren tausend Jahren irgendwelchen Nomaden in der Sinai-Wüste gegolten haben!« Das klingt zunächst einleuchtend. Aber logisch ist es trotzdem nicht. Schließlich bekommen bis heute Mütter genauso ihre Kinder, wie sie einst die Neandertalerin bekommen hat. Wir führen bis heute die Speise so ähnlich zum Mund, wie schon die Ureinwohner von Patagonien Nahrung zu sich genommen haben.

Mit den Geboten ist nichts Verrücktes formuliert, nichts Exotisches, erst recht nichts Zeitbedingtes und damit längst Vergangenes, sondern Elementares. Paulus hat daran erinnert: »Auch den

Heiden, die Gottes Gebote nicht haben, ist das Gesetz in ihr Herz geschrieben« (Römer 2,14f).

Doch was soll das Argumentieren: Wer frei werden will von Ordnungen, weil ihm Ordnungen als Sklaverei vorkommen, dem sind die simpelsten Einwände dafür gut genug! Mit geistreichen Argumentationen werden wir dagegen nichts ausrichten können, erst recht nicht mit gut gemeinter Empörung. Doch wenn das alles nicht hilft – was kann man denn dann überhaupt noch tun?

Sollte man vielleicht protestieren?

»Es muss endlich wieder Klarheit geschaffen werden!« So wird gefordert. Oft gefordert! Dringlich gefordert! Gerade verantwortliche Bürger und Glieder der Gesellschaft pochen darauf. Besonders Christen machen sich dafür stark. Da heißt es dann: »Der Staat müsste endlich einschreiten!«; »Die Schule müsste Werte vermitteln!«; »Die Eltern müssten mehr auf ihre Kinder aufpassen!«; »Die Kirche müsste in Religionsunterricht und in Konfirmandenunterweisung wieder viel mehr Wert auf die Zehn Gebote legen!«; »Die Polizei und die Gerichte müssten viel schärfer durchgreifen!«; »Wir müssen wieder Werte bekommen!«

Auch die württembergische Ludwig-Hofacker-Vereinigung und die mit ihr eng verbundene Landes-Synodalgruppe »Lebendige Gemeinde« werden immer wieder mit solchen Vorschlägen bestürmt. Sie sind ganz ernst gemeint und zeugen von dem großen Vertrauen, das Menschen zur Ludwig-Hofacker-Vereinigung und zur »Lebendigen Gemeinde« haben. Deren Verantwortliche sind ja sicher auch selbst versucht, auf diesen Zug aufzuspringen. Damit könnten sie ja schließlich deutlich machen, wie aktuell sie sind, wie hellwach, wie verantwortungsbewusst! So können sie demonstrieren, dass sie auch den großen Erwartungen genügen, die nun einmal in unserer Gesellschaft da sind. Es gibt genug Stimmen in den eigenen Reihen, die sie bestürmen: »Tut's doch endlich! Lasst uns vollmächtig auftreten wie die Propheten Gottes, wie ein Hosea, ein

Amos, ein Jeremia. Lasst uns der Gesellschaft die Sünden vorhalten! Lasst die Erinnerung an die Zehn Gebote und an verantwortliches christliches Leben unser Dauerthema sein! Unüberhörbar!« Sollten wir Pietisten und Evangelikale uns wirklich dazu verleiten lassen? Wir wollen doch erlösungsbedürftigen Menschen Jesus bekannt machen. Wir wollen doch nicht als Moralapostel verkannt werden! Schließlich würden durch ein solches Auftreten auch Jesus und sein Anliegen in ein falsches Licht geraten.

Unbeabsichtigt, aber unentrinnbar geraten Christen, die für Gottes Ordnungen eintreten, in die Rolle von Moralaposteln. Allzu leicht schleicht sich beim Eintreten für die Zehn Gebote nämlich der falsche Unterton ein: »Ihr armen orientierungslosen Leute braucht etwas, was wir natürlich schon längst begriffen und umgesetzt haben!« (Das ist es ja, was oft auch das Einladen zu Jesus und zum christlichen Glauben für andere so schwer verdaulich macht. Die vermeintlichen »Außenstehenden« müssen den Eindruck bekommen: »Die behandeln uns von oben herab als Leute, die aus dem Dreck herauskommen müssten. Dabei tun sie so, als ob sie selbst längst aus dem Dreck heraus wären – und spüren gar nicht, wie tief sie selbst noch im Schlamm stecken!«)

Beim Eintreten für die Gebote Gottes sind Christen unwahrscheinlich gefährdet! Sicherlich unbeabsichtigt, aber zugleich unentrinnbar rutschen sie in die Überheblichkeit hinein. Die Not des Pharisäers, von dem Jesus im Gleichnis erzählte, war doch, dass er sich »anmaßte, fromm zu sein«. Deshalb meinte er, er könne andere verachten. Wir aber sollten doch nicht »andere lehren und selbst verwerflich sein«, daran hat der Apostel Paulus erinnert (1. Korinther 9,27). Ludwig Hofacker hat einmal gesagt: »Wir wollen nicht besser sein, als Jesus uns haben will!« Lassen Sie mich diesen Satz noch ein wenig umformen: »Wir wollen auch nicht von Ferne den Eindruck erwecken, dass man uns dazu ausersehen hätte, Trainer und Übungsleiter unserer Mitmenschen dadurch zu sein, dass wir ihnen ‚beibiegen', die Gebote Gottes ernst zu nehmen. Erst recht wollen wir den Eindruck vermeiden, wir hätten es darin zur Meisterschaft gebracht, die Gebote Gottes zu halten!«

Der Bergprediger Jesus hat Gottes Gebote so gelehrt, dass sie für jeden – bis heute auch für jeden von uns – zu einem uns vorgehaltenen Spiegel werden. In ihm können und sollen wir unsere Mängel entdecken: Vielleicht haben wir wirklich noch nicht die Ehe gebrochen; aber den gierigen Blick, von dem Jesus sprach, den kennen wir doch alle. Hoffentlich haben wir noch niemanden totgeschlagen; aber Hass, von dem Jesus in diesem Zusammenhang sprach, der ist uns doch wahrhaftig nicht fremd. Vermutlich haben wir noch selten einen falschen Eid geschworen; aber wie oft war unser Wort nicht verlässlich, wie oft war unser »Ja« kein ehrliches »Ja«, unser »Nein« kein tragfähiges »Nein«. Davon hat Jesus im Zusammenhang mit dem Schwören gesprochen.

Zu leicht wird auch über dem ernsthaften Eintreten für die Gebote das eigentliche Anliegen von Jesus verkannt. Jesus geht es jedoch bis heute darum, Menschen im Gewissen zu treffen. Und zwar zuerst solche, die »mit Ernst Christen sein wollen«.

Ein schwäbischer »Stundenmann« wurde einmal von seinem Pfarrer gefragt: »Martin, wie könnt Ihr denn in Eurer Stunde die Bibel verstehen? Ihr habt doch gar nicht studiert!« Dieser antwortete: »Herr Pfarrer, wir lesen das biblische Wort. Damit vergleichen wir dann unser Leben. Da wird ein großer Mangel deutlich. Und über diesen Mangel reden wir!«

Das ist eine jesusgemäße Einstellung! Christen sollten lernen, so ihr eigenes Fehlverhalten zuzugeben, dass auch bei anderen das Gewissen geweckt wird: »Ach ja, wenn ich ehrlich bin, ist auch bei mir manches danebengegangen!« Christen sollten aber nie sich dazu verleiten lassen, pedantisch und wie ein Pauker an Gottes Ordnungen zu erinnern, sodass bei ihrem Gegenüber am Ende das Gewissen verhärtet wird und er von sich denkt: »Nein, da habe ich mir nichts vorzuwerfen!«

Haben wir Christen eigentlich das Vaterunser, also das »Gebet, das uns Jesus lehrte«, schon in seinem innersten Wesen begriffen? Im Grunde genommen spiegeln doch alle Gebetsbitten des Vaterunsers die Zehn Gebote wider. Das Vaterunser ist ein Gebet für Leute, die es aus eigener Kraft nicht schaffen, Gottes Gebote einzuhalten, geschweige denn sie zu erfüllen. Das Vaterunser ist für Christen eine Ausdrucksform dafür, die Gebote Gottes ganz ernst zu nehmen.

Die eigentliche Not der Menschen besteht doch nicht darin, dass sie die Gebote Gottes als unsinnig ansehen. Vielmehr ist doch das die tiefe Not des verantwortlichen Menschen, dass er Gottes Gebote nicht halten kann, selbst wenn er sie halten möchte. Wer Gott und seine Gebote so ernst nimmt, wie sie etwa der Apostel Paulus genommen hat, der muss doch bekennen: »Wollen habe ich wohl, aber das Gute vollbringen kann ich nicht; denn das Gute, das ich will, das tue ich nicht; sondern das Böse, das ich nicht will, das tue ich. ... Ich elender Mensch! Wer wird mich erlösen ...« (Römer 7,18f.24)! Für Gott ist es das Wichtigste, dass er uns durch Jesus vom Bösen erlösen darf.

Zuletzt: Wenn wir den Eindruck erwecken, als seien die Gebote Gottes das Allerwichtigste für einen Menschen und erst recht für einen Christenmenschen, dann wird zu leicht die wichtige Einleitung zu den Geboten überhört. Nicht umsonst fangen die Gebote nicht mit Verboten oder mit Aufforderungen an, sondern mit der einladenden Feststellung: »Ich bin der Herr, dein Gott!« Wer sich von Gott finden lässt und ihn dann lieb gewinnt, der tut auch gerne das, was Gott gerne hat.

Gott unaussprechlich lieb gewinnen!

Im 19. Jahrhundert war jeweils sonntags Hauptumschlagstag in den Geschäften der Stuttgarter Königstraße. Aber unter dem Einfluss der Verkündigung von Prälat Sixt Karl Kapff (1805-1879), der Tausenden in der Stiftskirche Gott lieb machte, entschlossen sich fromme Geschäftsleute, am Sonntag ihr Haus geschlossen zu halten – aus Liebe zu Gott und auch zu ihren Mitarbeitern.
Im Remstal, in dem ich lange Jahre als Pfarrer wirken durfte, waren

nach den Verheerungen des Dreißigjährigen Krieges schlimmste Verhältnisse an der Tagesordnung: Alkoholismus, Diebstähle, Fluchen, Zerbrechen von Familien, Unzucht, Meineide, Gotteslästerung. Auch die durch Johann Valentin Andreä (1586–1654) eingeführten rigiden Kirchenzuchtmaßnahmen konnten das nicht ändern. Erst mit dem Aufkommen der ersten pietistischen Gemeinschaften, die sich um Bibel und Gebet sammelten, konnten meine Vor-Vor-Vorgänger als Dekane berichten: »Es ist ein neuer Geist der Nächstenliebe, der Zucht und der Verantwortung in unser Tal gekommen!«

Wo Gott ernst genommen, ja geliebt wird, da besteht die ganze »Ethik« in dem einen Anliegen: »Ich möchte tun, woran Gott Freude haben kann – und ich möchte das vermeiden, was ihn traurig macht!« Weil es uns um die Ehre Gottes geht, darum wollen wir die Gebote Gottes halten, und nicht etwa deshalb, weil wir gut dastehen und als anständige Menschen angesehen werden wollen!

»Dem Gerechten ist kein Gesetz gegeben«, so sagte es Paulus (1. Timotheus 1,9). Wer Gott liebt und ehrt, der braucht keine Gebote als Verhaltensmaßregeln. Als Josef versklavt im Haus des ägyptischen Haushofmeisters Potifar war, da gab es – geraume Zeit vor dem Auszug des Volkes Israel aus Ägypten – noch gar keine Zehn-Gebote-Tafeln. Nirgends war schwarz auf weiß als Gottes Wille niedergeschrieben worden: »Du sollst nicht ehebrechen!« Als jedoch die Frau des Potifar den jungen Josef umgarnen wollte, da entzog sich der junge Mann der Versuchung mit den Worten: »Wie sollte ich denn nun ein so großes Übel tun und gegen Gott sündigen?« (1. Mose 39,9).

Wichtiger noch als die Offenbarung der Gebote am Sinai war deshalb Gottes Wort an Abraham: »Ich bin der allmächtige Gott; *wandle vor mir* und sei fromm« (vgl. 1. Mose 17,1).

Das war auch der Grund, weshalb Jesus so viel Anschaulichkeit und eindringliche Wärme darauf verwendet hat, uns den Vater im Himmel lieb zu machen. »Nur einer ist gut« (Matthäus 19,17), nämlich der Herr des Himmelreichs, der trotz aller miesen Bedingungen nicht ablässt, guten Samen auszusäen auf den steinigen, ausgeglühten, von Unkraut und Wildwuchs überwucherten Acker der Welt. Einzigartig gut ist der himmlische König, der trotz aller brüskierenden Ablehnungen nicht davon ablässt, Menschen zu seinem Fest zu laden. Gut ist der Schöpfer, der seine Sonne aufgehen lässt über Böse und Gute und der regnen lässt auf Gerechte und Ungerechte. Unüberbietbar gut ist der einmalige Vater, der sehnlich und voller Liebe noch auf den davongelaufenen, eigentlich aller Liebe unwerten Sohn wartet. Gut ist der Gott, der in das Verborgene sieht und das schlichteste Gebet vernimmt, der denen Gutes geben will, die ihn darum bitten. Jesus brachte Gott den Menschen nahe, denn es »jammerte« Jesus, dass sie wie Schafe ohne Hirten waren. Das war der eigentliche Jammer – weit mehr noch als das, dass sie so oft gegen Gottes Gebote handelten.

Der wahre, der lebendige Gott war es, den Jesus uns Menschen bezeugen wollte. Das war wichtiger als die Beantwortung spitzfindiger Fragen. Natürlich war und ist es wichtig, zu klären, ob man einem ungerechten Staat Steuern zahlen soll. Aber Jesus war, als er danach gefragt wurde, schon mit dem zweiten Satz bei dem »Gebt Gott, was Gottes ist« (vgl. Matthäus 22,15ff). Natürlich ist es interessant, zu wissen, wie es nach dem Tod eventuell weitergeht. Aber Jesus war, als er danach gefragt wurde, schon ganz rasch bei einer Auskunft über Gott: »Gott ist nicht ein Gott der Toten, sondern der Lebenden; ihm leben sie alle« (vgl. Lukas 20,27ff)!

Darum stellte Jesus dies als das »höchste Gebot im Gesetz« heraus: »Du sollst den Herrn, deinen Gott, lieben von ganzem Herzen, von ganzer Seele und von ganzem Gemüt. Das ist das höchste und größte Gebot. Das andere aber ist dem gleich: Du sollst deinen Nächsten lieben wie dich selbst« (Matthäus 22,37f). Darum ging es Jesus: dass es Menschen in enger Gemeinschaft mit ihm fertig bringen, vom Diktat ihres Selbst wegzukommen, von diesem grausamen Tyrannen. Sie sollen sich selbst verleugnen können. Anstelle der Liebe zu sich selbst soll die grenzenlose, die aus tiefstem Herzen kommende Liebe zu Gott treten, die dann auch überströmt zum

Nächsten. Letztlich ist doch dies die große Quintessenz der Zehn Gebote, dass Gott uns Menschen wissen lässt: »*Ich bin dein Gott*! Ich! Nicht du bist deines Glückes Schmied! *Ich bin*!« Verantwortliche Ethik besteht nicht in erster Linie in Sätzen oder Paragraphen, sondern in der Verantwortung vor dem lebendigen Gott, dem Schöpfer der Welt und dem Herrn meines Lebens, meiner Mitmenschen und meiner Umwelt.

Wenn jedoch jemand darüber hinaus etwas Nachhilfe braucht, damit er begreift, wo denn für uns Menschen besondere Gefährdungen bestehen, dann sagen ihm die Zehn Gebote: Es besteht die Gefahr, dass uns anderes wichtiger wird als Gott, dass wir fluchen und schwören, dass wir unseren allernächsten Familiengliedern wehtun, dass wir es mit der Wahrheit nicht so genau nehmen, dass wir uns vom Haben-Wollen mitreißen lassen, dass der Zorn uns entstellt, dass uns die wahre Ruhe vor und in Gott mehr Last als Geschenk ist.

Noch hilfreicher als solcher Nachhilfeunterricht ist jedoch die Nähe von Jesus. Die Evangelienberichte machen deutlich: Wo Jesus Menschen nahe kam, da wurden ihnen ihre moralischen Defizite bewusst. Der Oberzöllner Zachäus erkannte: »Ich habe bisher die Armen übersehen und ich habe betrogen!« Der römische Hauptmann begriff: »Ich bin nicht wert, dass du unter mein Dach gehst!« Der Fischer Petrus bekannte: »Gehe von mir hinaus; denn ich bin ein sündiger Mensch!« Die Samariterin staunte, ohne dass Jesus ihr zuvor die Leviten gelesen hätte: »Er hat mir alles gesagt, was ich getan habe!« In Gottes Licht wird erkannt, was hell ist, aber auch die Schatten bekommen klare Konturen. Jesus kann uns den Blick für das Gute öffnen. Vor allem kann uns Jesus vom Bösen erlösen.

Es wurde schon so vieles versucht, um die Zehn Gebote etwas attraktiver zu machen. Man hat vorgeschlagen, anstelle der »Gebote« und der »Verbote« von den »zehn großen Freiheiten« zu reden, im Sinne von: *Du musst nicht mehr* fluchen, morden, hassen, ehebrechen! Das war ja ganz gut gemeint. Aber schon Gottes Propheten in Israel haben hier tiefer geblickt, etwa Micha, als er sagte: »Der Herr hat dich wissen lassen, Mensch, was gut ist und was er von dir erwartet: Halte dich an das Recht, sei menschlich zu deinen Mitmenschen *und lebe in steter Verbindung mit deinem Gott*« (Micha 6,8; Gute Nachricht Bibel). Mit Gott in Verbindung zu sein, darauf kam es Micha, dem Propheten Gottes an. (Nebenbemerkung: Es ist so schade, wenn in unseren Tagen in der weltweiten evangelikalen Christenheit als prophetischer »Micha-Impuls« ausgegeben wird, dass Christen für das UNO-Programm zur Halbierung der wirtschaftlichen Armut eintreten sollen! Die Propheten Gottes wollten doch für Gott Werbung machen, nicht für ein idealistisches ökonomisches Programm! Mit Jesus zu leben, dazu einzuladen, das ist noch immer der beste Beitrag zu einer neuen Welt.)

Jeder Tag, der dem Menschen zum Leben gewährt sind, bietet so viele Chancen, Gottes Größe und Güte aus der Schöpfung, aus dem Wort seiner Zeugen und vor allem in Jesus staunend kennen zu lernen und so an Erkenntnis zuzunehmen. In solchem Staunen kann die Liebe zu ihm wachsen.

Die liberale Pädagogik des 19. Jahrhunderts beurteilte es als »nicht kindgemäß«, wenn den Kindergartenkindern und den Schülern zu viel »von Gott zugemutet« werden würde. Da schrieb Mutter Canz, die Bahnbrecherin der evangelischen Kindergartenarbeit: »Es ist doch lächerlich, das Kind dankbar zu machen für den Grashalm, der wächst; für den Knecht, der ihn mäht; für die Magd, die das Gras der Kuh füttert; für die Kuh, die Milch gibt; für die Mama, die dem Kind die Milch gibt! Denn dabei ist doch der Eine vergessen, der Gott, der das Gras wachsen lässt und alle guten Gaben gibt!« Diesen Gott schon Kindern bekannt und lieb zu machen, und dazu von Jesus zu erzählen, darin bestand das Wesen ihrer Pädagogik.

Auch wenn zukünftig eine ganze Gesellschaft um uns herum noch mehr als bisher Gott und seine guten Ordnungen missachten sollte, soll für uns gelten, was schon vor fast 2000 Jahren Paulus als Parole ausgegeben hat: »Stellt euch nicht dieser Welt gleich, sondern ändert euch durch Erneuerung eures Sinnes, damit ihr prüfen könnt, was Gottes Wille ist: nämlich das Gute und Wohlgefällige und Vollkommene« (Römer 12,2). Welch eine komprimierte Zusammenschau des Willens Gottes! »Ihr seid doch selbst von Gott gelehrt! Ihr könnt doch selbst prüfen!« Und: »Ihr könnt doch, verbunden mit Jesus, das Gute tun!«

Für den Ort Schnait im Remstal war in moralisch völlig verkommenen Zeiten ein Schullehrer *das* Vorbild für eine ganze Generation. Sein Grabstein ist bis heute in der Kirche erhalten. Auf ihm steht zu lesen: »In einer verkehrten Welt lebte er verkehrt!« Er war einer, der gegen den Strom schwamm. Er lag richtig, weil er verbunden war mit Jesus. Damit hat er Entscheidendes verändert. Wenn er ehrfürchtig von Gott und von seinen hilfreichen Geboten sprach, dann war das glaubhaft, überzeugend, einladend. In einer verkehrten Welt verkehrt leben! Aus verderblichen Strömungen heraus gerettet werden! Das ist es!

Ich will keine Wetterfahne sein! Gerade in einer verkehrten Welt möchte ich zu denen gehören, die gegen den Strom schwimmen und die anderen auch dazu Mut machen.

7 Jesus – der Retter aus Verlorenheit

Das Rettungsprogramm Gottes

Jesus ist in allererster Linie »Retter«. Das hat Gott so festgelegt. Gott war es, der für den Sohn der Maria aus Nazareth den Namen »Jesus« (= »Der Herr ist Rettung«) bestimmt hat (vgl. Matthäus 1,21). Dieser Name war gleichzeitig ein Programm. Bis in den Namen hinein sollte deutlich werden: »Gott wird sein Volk *retten*«, nämlich retten »von ihren Sünden«. Für Jesus war es *die* Zentralaufgabe. All sein Wirken sollte darauf hinauslaufen. Gott hatte sich zur Zeit des Mose als »Jahwe« selbst vorgestellt (vgl. 2. Mose 3,14). Dieser »Jahwe«-Name schwingt im hebräischen Wort »*Je*hoschua« mit, das hinter dem Namen »Jesus« steht. Es war Gott selbst, der durch Jesus Rettung geschaffen hat, und zwar für Menschen »wie du und ich«, die rettungslos verloren und von Gott ausgeschlossen bleiben müssten, wenn es nicht diesen Retter Jesus gäbe.

Von Verlorenheit zu reden, wird jedoch weithin in der Christenheit als peinlich angesehen. Ärgerlich, ja vorwurfsvoll wird das biblische Verständnis vom »Verlorensein« abgetan, als wenn es sich um etwas Ekelerregendes oder gar Gotteslästerliches handeln würde: »Lass doch diese Angstmacherei! Gott ist doch ein Gott der Güte und der Vergebung! Er schreibt doch niemanden ab, er schließt keinen aus!«

Wer das behauptet, streut sich selbst und anderen Sand in die Augen. Natürlich freut sich Gott darüber, wenn sich Verlorene von ihm finden lassen. Aber die Bibel berichtet auch in erschreckender Weise davon, dass sogar das von Gott geliebte Volk Israel über viele Jahre furchtbare Verlorenheit erleiden musste. Gott hatte dem Volk den Rücken zugekehrt; es wurde in die Babylonische Gefangenschaft verschleppt. Jahrzehntelang hat Gott damals seine Hand von Israel abgezogen. Anstelle des gewohnten Segens musste Israel damals den Fluch Gottes erfahren.

Wie war es denn zu solch einem schrecklichen Geschehen gekommen? Die Israeliten waren doch nicht undankbarer gewesen als andere Menschen. Sie waren nicht gefühlloser, nicht im Gewissen abgestumpfter und nicht schwerer erziehbar als alle anderen. Aber sie waren über Generationen hinweg wie gelähmt gewesen: keine Freude mehr am Leben mit Gott, keine Achtung, kein Respekt mehr vor seiner Heiligkeit und kein Vertrauen in ihn. Das war ihre eigentliche Sünde. Die anderen drastischen Verfehlungen waren dann logische Konsequenzen dieser zentralen Sünde. Es hat eben Folgen, wenn man sich mit abgestandenem Zisternenwasser begnügt, anstatt sich am lebendigen Gott wie an frisch sprudelndem Quellwasser erquicken zu lassen (vgl. Jeremia 2,13). Doch das »Gottesvolk« war damals abgestumpft gegen alle Mahnungen. Geradezu tragisch waren sie fixiert darauf, Gott mit religiösen Anstandsbezeugungen abzuspeisen. Kein noch so mahnender Prophet konnte sie von ihrer Distanz zu Gott abbringen. Alle Umkehrrufe verpufften. Kein Opferkult, kein Tempelgottesdienst, kein zentrales Glaubensfest – durch Jahrhunderte hindurch geübt – konnte sie aus ihrer Lethargie befreien. Sie schafften es nicht mehr, diese Lähmung zu überwinden.

So war es denn auch gerecht, konsequent und verständlich, dass Gott durch seine Propheten sinngemäß dies erklären ließ: »Jetzt habe ich's satt, euch nachzulaufen, um euch in Güte zu werben. Ihr habt euch darauf spezialisiert, mir den Rücken zuzukehren. Gut, dann werde ab sofort auch ich euch den Rücken zeigen! Unsere Beziehungen sind hiermit gekappt, gekündigt, erledigt!« Ein endgültiges Wort.

Die Bibel kann bis heute Menschen sensibel dafür machen, dass es Verlorenheit gibt, und zwar nicht erst irgendwann einmal in ferner Zukunft nach dem Jüngsten Gericht, sondern auch schon heute. Die ganze irdische Existenz ist doch hoffnungslos, wenn Gott sich von Menschen abwendet. Eigentlich ist es logisch, dass Gott von

Menschen weggeht, die »sündig« sind (vgl. Lukas 5,8), »sündig« vor allem deshalb, weil sie Gott permanent den Rücken zukehren und nichts von ihm erwarten.

»Der veruntreute Himmel«, so heißt ein Roman von Franz Werfel. Darin heißt es: »Mir war's, als müsst' ich all diese dahinhastenden Leute mit ihren stumpfen Gesichtern festhalten und ihnen zuschreien: So bleibt doch stehen und denkt einmal nach und kostet es aus, dieses ungeheure Woher – Wohin – Warum! Ich hab schon früh erkannt, dass der Aufstand gegen die Metaphysik die Ursache unseres ganzes Elendes ist.« Man habe durch die Dreiheit von Zeit, Arbeit und Geld die göttliche Trinität ersetzt. Noch verabscheuungswürdiger als dieser Aufruhr jedoch sei »die Gleichgültigkeit in seinem Gefolge, die geradezu kosmische Verdummung des Menschen«. Und dann heißt es – und dies ist der Zentralsatz des Buches: »Der veruntreute Himmel ist der große Fehlbetrag unserer Zeit.« Dadurch werde alles flach und sinnlos, es herrsche nur noch das Gesetz des Dschungels.

Im Klartext heißt das: Der veruntreute Gott ist der eigentliche Fehlbetrag unserer Tage. Es ist also realistisch, damit zu rechnen: »Wir leben in einer von Gott verlassenen Welt!« Es ist realistisch, sich darauf einzustellen: »Bei uns ist der Teufel los!« Umso unüberhörbarer jedoch sollten Menschen, die mit Jesus rechnen, propagieren: »Niemand muss verloren bleiben! Man kann aus der Gottesferne herauskommen! Von den Sünden, die von Gott trennen (vgl. Jesaja 59,2), gibt es Erlösung! Denn so sehr hat Gott die Menschen geliebt, dass er ihnen seinen Sohn als Retter gab. Jetzt braucht niemand mehr verloren zu bleiben. Wer sich vertrauensvoll an diesen Retter Jesus hängt, kommt aus der Verlorenheit heraus und hinein in das ewige Leben!«

Das sollte so ehrlich und so verständlich, ja so anschaulich weitergesagt werden können, wie »trocken« gewordene Alkoholiker offen von ihrer Krankheit reden. Sie sprechen frank und frei davon, dass sie als ehemals der Sucht Verfallene von ihrem Gebundensein frei geworden sind. So sollten auch Christen von dem Retter erzählen können, den sie so notwendig gebraucht haben. Die Zeitgenossen sollten nicht den Eindruck bekommen, man wollte ihnen in überheblicher Weise etwas »andrehen«.

Die »Nagelprobe« für das christliche Ideal der Nächstenliebe besteht darin, ob den Mitmenschen weise und einfühlsam bekannt gemacht oder aber verschwiegen wird, dass es mitten in einer gottverlassen scheinenden Welt einen Retter gibt. Denn bis heute will Jesus Menschen von ihren Sünden befreien! Diesen fundamentalen Aspekt müssen wir in der Christenheit wieder neu entdecken. Das Thema »*Jesus* rettet« macht Menschen doch als Christen identifizierbar.

Jesus hat Rettung möglich gemacht

Schon in meinen Tübinger Studententagen habe ich gerne zugehört, wenn Juristen heftig »Fälle« diskutierten. Die Ansichten prallten oft hart aufeinander. Die Bewertungen waren manchmal höchst unterschiedlich. Aber alle Kontroversen lösten sich auf, wenn einer – meist war es mein kenntnisreicher Vetter Hans Eißler – trocken sagte: »Da gibt es eine Reichsgerichts-Entscheidung!« Das damals oberste deutsche Gericht hatte also einen Präzedenzfall in letzter Instanz und damit unanfechtbar entschieden. Die Rechtsgrundlage war somit geklärt. Wer sie trotzdem in Frage stellen wollte, machte sich zu einem merkwürdigen und fragwürdigen Besserwisser.

So ähnlich, nur noch viel eindeutiger und auch folgenreicher ist die Rechtsgrundlage dafür geklärt, dass Gott den Menschen »die Sünden nicht zurechnet« (vgl. 2. Korinther 5,19). Denn mit dem Kreuzestod von Jesus ist ein Ausnahmegesetz Gottes in Kraft getreten. Angekündigt gewesen war es durch den Propheten Jesaja: »Er ist um unserer Sünde willen zerschlagen. Die Strafe liegt auf ihm, auf dass wir Frieden hätten, und durch seine Wunden sind wir geheilt« (Jesaja 53,5). Auf den dort angekündigten »Allerverachtetsten und Unwertesten« würde Gott, der Herr, »unser aller Sünde« werfen

(Jesaja 53,6); er würde »ihre Sünde tragen« (Jesaja 53,11-12). Er würde also die ganze Verantwortung für die menschliche Feindschaft gegen Gott übernehmen und die Folgen dafür auf sich nehmen. So sollte er den »Vielen Gerechtigkeit schaffen« (Jesaja 53,11).

Dieses Ausnahmegesetz beruhte auf »Gottes Ratschluss und Vorsehung«. So wurde darüber in der ersten Christenheit gesprochen (vgl. Apostelgeschichte 2,23; 4,28). Wirksam wurde es, als Jesus sich zu diesem »Allerverachtetsten und Unwertesten« machen ließ, also als er »sein Leben zu einer Erlösung für die Vielen gab« (vgl. Matthäus 20,28), als er »sein Blut vergoss für die Vielen zur Vergebung der Sünden« (vgl. Matthäus 26,28). Die biblischen Berichte mit ihren klaren Formulierungen lassen erkennen: Der in Jesaja 53 angekündigte »Ratschluss Gottes« ist die Rechtsgrundlage dafür, dass sündige Menschen als mit Gott Versöhnte leben können, wenn sie nur wollen (vgl. 2. Korinther 5,18-21). Zwar führen von »Mose, den Propheten und den Psalmen« (vgl. Lukas 24,44) viele Spuren hin zum gekreuzigten Jesus. Aber die rechtsverbindliche Vorlage, in die sich der für die Sünder leidende Jesus hineinbegeben hat, ist eben Jesaja 53,1-12.

Die göttliche Rettungsaktion möchte darin zum Ziel kommen, dass sich Menschen im Glauben mit Jesus verbinden. »Christus ist darum für alle gestorben, damit, die da leben, in Zukunft nicht sich selbst leben, sondern dem, der für sie gestorben und auferstanden ist« (2. Korinther 5,15). So wie Menschen von Natur in die Sünde verstrickt waren, so sollen sie nun bewusst und entschlossen mit Jesus aufs Engste verbunden sein. Wenn sie die Einladung zur Versöhnung mit Gott annehmen, dann werden ihnen die Sünden nicht angerechnet. Vielmehr können sie teilhaben an dem Guthaben an Gerechtigkeit, das allein Jesus hat.

In der Bibel finden sich immer wieder Vergleiche aus dem Wirtschaftsleben. Solche Verständnishilfen werden besonders dann angeboten, wenn es um zentral wichtige, aber schwer zu vermittelnde Tatbestände geht. So möchte ich auch hier ein Bild aus dem heutigen Geschäftsalltag anführen: In unseren Tagen geraten bedauerlicherweise sogar renommierte Firmen in Zahlungsunfähigkeit. Sie können jedoch weiterexistieren, sobald ein zahlungsfähiger Investor für die Schulden aufkommt. Normal, konsequent und logisch ist es, dass dann dieser den Betrieb rettende Investor das Sagen hat. In ähnlicher Weise besteht der Gehorsam der Christen darin, dass sie dem lebendigen Jesus das Sagen überlassen. Damit machen sie deutlich: Ich bedarf immer wieder neu deiner Rettung, erst recht in der Zukunft!

Jesus will sich in vielfacher Weise als »Retter von Sünden« an denen erweisen, die ihm gehören wollen. Gerade dann, wenn die Schuld vor Gott beglichen ist, will Jesus seinen Leuten, die Erlösungsbedürftige bleiben, rettend beistehen. In meinem Leben habe ich immer wieder erfahren: Jesus hat mich davor bewahrt, dass ich nicht in jede Pfütze gefallen bin, die ich zielsicher angesteuert hatte.

Jesus rettet aber auch dort von Sünden, wo seine schwachen Leute nun einmal trotz aller bewahrenden Vorwarnung Pfützen nicht nur bedrohlich nahe kommen, sondern mitten in sie hineintreten. Als Simon Petrus feige seine Zugehörigkeit zu Jesus verleugnet hatte, da hätte eigentlich das Wort des Jesus in Kraft treten müssen: »Wer mich verleugnet vor den Menschen ...«, dem will auch ich bestreiten, dass ich mit ihm zu tun haben will (Matthäus 10,33)! Jesus jedoch möchte seine Leute aus dem Sumpf herausholen, in den sie geraten sind. Darum sagte er dem Petrus: »Ich habe für dich gebeten, dass dein Glaube nicht aufhöre« (Lukas 22,32).

Wenn Jesus uns einmal würdig macht, die ewige Welt zu sehen, dann werden wir staunen: Was wir als Willensstärke angesehen haben, als Reinheit des Denkens, Handelns und Redens, das war gar nicht »unsere« Leistung! Das war Bewahrung durch Jesus hinten und vorne, oben und unten! Das, was in der Christenheit als »Glaube« angesehen wird, sollte nicht länger mehr nur reine Kopf- und Ansichtssache sein, auch nicht hauptsächlich eine Verhaltensweise. Was Jesus mit der Einladung »glaubt an Gott und glaubt an mich« (Johannes 14,1) meinte, war doch ein innig-vertrauensvolles Verbundensein mit ihm und seinem himmlischen Vater!

Die vor Gott bestehende Schuld ist beglichen worden. »Gott hat die Welt mit sich selbst versöhnt«, so hat es Paulus in Worte gefasst (2. Korinther 5,19). Wegen der Sünde muss niemand mehr vor Gott verloren bleiben. Vom Heil schließt sich nur derjenige selbst aus, der nicht mit Jesus verbunden sein will.

Jesus – der Allerverachtetste!

Die biblischen Jesus-Berichte sind voll von Hinweisen, dass die in Jesaja 53 formulierte Grundlage göttlicher Rechtsetzung gilt. Zwar sind etwa im Evangelium des Matthäus viele Wunder, Heilungen und Predigten von Jesus festgehalten. Die dies alles zusammenfassende Klammer besteht aber in dem alttestamentlichen Zitat: »Er hat unsere Schwachheit auf sich genommen, und unsere Krankheit hat er getragen« (vgl. Jesaja 53,4 mit Matthäus 8,17). Wir kennen die prophetische Ankündigung, die Jesus zur Vollendung gebracht hat, in der Fassung: »Fürwahr, er trug unsere Krankheit und lud auf sich unsere Schmerzen.« Von diesem angekündigten »Er« heißt es dann weiter beim Propheten Jesaja: »Der Herr warf unser aller Sünde auf ihn, … er hat die Sünden der Vielen getragen« (Jesaja 53,6.12).

Der Berichterstatter Markus erzählt gleich zu Beginn seines Evangeliums von dem »Menschensohn« Jesus, der »Vollmacht hat, Sünden zu vergeben auf Erden« (Markus 2,10). Das ist ebenfalls ein Hinweis auf Stichworte aus Jesaja 52,14! Dort wird ein erst noch kommendes, so ganz anderes »Menschenkind« angekündigt, das »Sünde (weg)trägt« (vgl. Jesaja 52,15; 53,11). Das also ist der Grundton der »guten Nachricht«: Jesus rettet von den Sünden!

So haben auch Matthäus und Markus als zentrale Aussage das Jesuswort überliefert, dass er »gekommen ist, um sein Leben zu geben zur Erlösung für die Vielen« (Matthäus 20,28; Markus 10,45). Damit hat Jesus selbst wortwörtlich Bezug auf Jesaja 53,12 genommen. So wollte Jesus sein Kommen in die Welt verstanden haben. So wollte Jesus sein Leiden verstanden haben. Bevor er ans Kreuz ging, sagte er bei der letzten Mahlzeit mit seinen Jüngern: »Mein Blut wird vergossen für die Vielen zur Vergebung der Sünden« (Matthäus 26,28).

Zwar muss sich jeder einigermaßen normal denkende und moralisch empfindende Mensch fragen: »Wozu war denn das grausame Sterben des gekreuzigten Jesus nötig? Wofür war es gut?« Doch die Lösung dieses Rätsels finden wir in Jesaja 53. Allein dort! Denn im Bereich menschlicher Erfahrung gibt es keine Entsprechung dafür, dass Gott unsere ganze Sünde auf einen Einzigen wirft. Es ist eben »göttlich«, nicht »menschlich«, was durch Jesus punktgenau wirksam geworden worden ist.

Darum gab und gibt es bis heute das Bemühen, diese »göttliche« Rettungsaktion für Menschen verständlicher zu machen. Schon in der Bibel finden sich Vergleiche vom »Loskauf« und vom »Lösegeld«, von stellvertretendem »Bürgesein«, vom Tausch, vom Sühnopfer, vom Opferblut, das den Bund besiegelt. Dies alles sind Bilder und Vergleiche, die die feststehende Rechtsgrundlage verständlicher machen sollen. Sie stammen zumeist aus dem Fundus alttestamentlicher Bilder, die letztlich zu Jesus führen. Darum sind sie nicht einfach beliebige, »aus der Luft gegriffene« Illustrationen. Vielmehr ist in den prophetischen Ankündigungen des Alten Testamentes die Frage beantwortet: »Was hat das unschuldige Martyrium des leidenden Jesus gebracht?« Die Antwort lautet: Jesus hat gerade durch seine Armut Menschen reich gemacht (2. Korinther 8,9)!

Ich will keine Wetterfahne sein! Kluge Menschen mögen noch so sehr mit vernünftigen Argumenten belegen wollen, dass das stellvertretende Sterben von Jesus nichts anderes sei als ein peinliches Missverständnis. Ich will mich zum Trost meiner kaputten Existenz an das halten, was die Propheten Gottes wie auch Jesus persönlich gesagt haben: Jesus ist um unserer Sünde willen dahingegeben worden! Die Strafe liegt auf ihm, damit wir Frieden hätten!

8 Wovor Jesus Angst hatte

Der norwegische lutherische Bischof Håkon Andersen ist mir zum Freund und Bruder geworden. Seine Ansprachen, Meditationen und Bibelauslegungen sind mir unvergesslich, denn sie hatten immer den gekreuzigten Jesus zum Thema – den armen Jesus, der Menschen gerade durch seine Armut reich macht. Ach, wenn ich doch genauso wie er auf diesen leidenden Jesus hinweisen könnte – eben nicht theoretisch, nicht dogmatisch-steril oder bloß formelhaft, sondern voll Wärme, voller Staunen, voll geheiligter Emotion und voller Einladung an seine Zuhörer, mit geöffneten Augen des Herzens auf Jesus zu schauen. Bei Håkon Andersen habe ich eine Ahnung davon bekommen, wie der Apostel Paulus seinen Zuhörern den »armen Jesus« vor Augen gemalt haben mag.

Mit solchen bewegenden »Herztönen« haben alle großen Jesusboten predigen können. Ludwig Hofacker konnte sagen: »Sieh deinen Bürgen an in Gethsemane, wie er den ganzen Zorn der in den Schmutz getretenen Majestät Gottes auf seinen heiligen Rücken nimmt. Sieh, wie er sich stellvertretend für dich vor dem Angesicht des Vaters krümmen muss. Und siehe, da hängt er am Kreuz in den brennendsten Schmerzen, blutend, von Gott und Menschen verlassen, verschmachtend, sterbend. Das ist die Bezahlung für deine Schuld. Hier ist ein Meer von Erbarmung!«

Jesus kannte ja keine Angst. Bange machen ließ er sich nicht, selbst wenn es knüppeldick kam. Etwa damals, als die Nussschale eines Fischerbootes die Wellenberge hinaufgeschleudert wurde, um dann im nächsten Augenblick wieder in abgrundtiefe Wellentäler zu stürzen. Der sonst so harmlos wirkende See Genezareth war so aufgewühlt, dass er zu kochen schien. Die erfahrenen Fischer schrieen vor Angst. Sie hatten sich an den Mast angeklammert – aber eigentlich mit dem Leben abgeschlossen. Jesus jedoch wie ein Kind ruhig schlafend vorn im Boot – ohne eine Spur von Angst (vgl. Matthäus 8,23ff).

Nein, Bange machen ließ er sich wahrhaftig nicht. Als ihm zugeflüstert wurde: »Bring' dich rasch in Sicherheit! Wir haben's mitgekriegt: Der König Herodes will dich umbringen. Auf, flieh, versteck dich!«, da sagte Jesus mit ganz ruhiger Stimme: »Gott hat aber einen anderen Plan! Ich habe noch zu tun! Ich muss erst noch meinen Auftrag erfüllen, meinen Weg gehen, Tag für Tag« (vgl. Lukas 13, 31-33)!

Auch vor den Finsternismächten hatte Jesus keine Angst. Am Ostufer des Sees Genezareth wollte man ihn auf einer einsamen Straße am Weitergehen hindern. Man rief ihm zu: »Das kannst du nicht machen! Geh bloß keinen Schritt weiter! Wenn dich die Besessenen erwischen – weißt du, die hat noch niemand bändigen können, die zerreißen Stricke und sogar Ketten wie Bindfäden –, dann bist du erledigt.« Wirklich, da kamen sie schon mit derben Knüppeln in den Händen, die zerrissenen Kleiderfetzen am Körper herunterhängend, mit blutunterlaufenen Augen, mehr Monster als Menschen! Seine Begleiter waren längst auf Abstand gegangen. Aber er stand da – wie eine Mutter, die Mitleid mit ihren fiebernden Kindern hat, ohne Angst, eher gespannt darauf achtend, was er ihnen Gutes tun könne (vgl. Matthäus 8,28ff).

Nein, Angst kannte er nicht, Jesus, der Helfer, der Retter, der Heiland. Er hatte auch keine Miene verzogen, als man ihn beschimpfte: »Du hast einen bösen Geist! Du bist ein Ketzer! Du stehst mit dem Beelzebub im Bund, dem Oberteufel« (vgl. Matthäus 12,22ff). Vor einer solchen Entehrung hatte Jesus keine Angst. Er duckte sich nicht, zog nicht den Kopf ein, als man Steine aufhob, um ihn zu töten (vgl. Johannes 10,31f).

Was wir uns Jahr um Jahr in der Passionszeit bewusst machen, war gewiss schlimm für Jesus: dass er sich den Händen von Menschen ausliefern musste, den Händen von Heiden, ja, den Händen von Sündern. Die sollten mit ihm machen dürfen, was sie in ihrem Hass, in ihrem Neid auf ihn, in ihrem Zorn, in ihrem Fanatismus meinten tun zu müssen. Eigentlich gehen die Menschen bis heute mit ihm um, als sei er der letzte Dreck. So wollte der Retter, der

Befreier, der Erlöser, der Heiland Jesus ganz zu uns gehören. Er wollte sich uns Menschen keinen Augenblick entziehen.

Er hatte keine Angst vor seiner Gefangennahme: Das römische Militärkommando hatte – zusammen mit den Söldnern der israelischen Zivilverwaltung – den Ölbaumgarten Gethsemane umstellt und sich im Schatten der uralten knorrigen Ölbäume angeschlichen. Es geschah heimlich: Fackelschein war nicht zu sehen, und das Klirren von Schwertern und Lanzen nicht zu hören. Und Jesus? Der ging hoch aufgerichtet zu ihnen hinaus und fragte sie: »Wen sucht ihr denn?« Sie gaben zur Auskunft: »Den Jesus von Nazareth«. »Ich bin's«, gab sich Jesus zu erkennen. Das hatten die Häscher noch nie erlebt. Ein paar von ihnen hat das – buchstäblich – umgehauen (vgl. Johannes 18,4-6). Dass sich ihnen da einer ohne Angst, ohne Fluchtversuch stellt, das war unglaublich!

Noch nicht einmal vor dem Hingerichtetwerden war Jesus bange. Dabei ist es grauenhaft, am Kreuz »im Zeitlupentempo« zu verenden: unter Qualen, unter unsagbarem Schmerz in den Knochen, unter dem Verschwinden der letzten körperlichen Reserven, unter dem Aufbäumen der empfindlichsten Nerven und Organe, unter grässlicher Atemnot, bis endlich der Kreislauf kollabiert und das Herz stillsteht. Das ist so schauerlich, dass man am besten wegsieht, weil man es sogar als Zuschauer nicht aushält. Jedoch nicht einmal davor zitterte Jesus. Alles, was uns bange machen könnte, hat ihn nicht erschüttert.

Es gab nur *eine* Ausnahme: Von ihr war die Rede, als er seinen Jüngern gestand: »Wie ist mir so bange« (Lukas 12,50), nämlich vor dem Augenblick, an dem Gott eine unvorstellbare Last auf ihn legen würde. Getötet werden ist schlimm. Hingerichtetwerden ist schauerlich. Doch was die Seele dieses Jesus erzittern ließ, war das, was Jesus nach Gottes heiligem Willen stellvertretend für uns ertragen musste, weil es so angekündigt war: »Gott warf unser aller Sünde auf ihn!« »Er trägt die Sünden der Vielen« (Jesaja 53,6.12). Das kann unser Verstand gar nicht erfassen. Darum ist es gut, dass die Bibel uns einen Blick auf das tun lässt, was für die Menschen damals erkennbar war. Denn als am Tag darauf, also am großen Leidenstag von Jesus, nach all den erlittenen Qualen die Sonne am höchsten über Jerusalem und Golgatha stand und auf den Hinrichtungsort herunterbrannte, verfinsterte sich plötzlich der Tag. Am hellen Tag wurde es erschreckenderweise, unvermutet und unerklärlich stockdunkel. Diese Finsternis dauerte drei Stunden lang.

Es war so, als ob alles Böse, alle Gemeinheit, alle Lüge, aller Hass, alles Abartige kompakt, geballt, materialisiert, niederschmetternd, dämonisch diesen armen Mann am Kreuz einhüllen würde. Es war, als ob die Sonne dieses Schreckliche nicht mehr mit ansehen könnte. Die ganze Macht der Finsternis, das ganze Heer des Bösen war über Jesus hereingebrochen. Die Höllenmächte waren auf ihn losgelassen. Schonungslos hatte der Teufel auf ihn eingeschlagen.

Es kann ja niemand ermessen, was Jesus in diesen Stunden durchlitten hat, als er rief: »Mein Gott, mein Gott, warum hast du mich verlassen« (vgl. Matthäus 27,46 mit Psalm 22,2). Die Sünde des ganzen Menschengeschlechtes war auf Jesus geworfen. Unser menschliches Unvermögen, unsere Beschämung darüber, wie wir wirklich sind, unser Zorn über unser Versagen, alle Verzweiflung über unsere mangelnde Widerstandskraft, all das war zu einer undurchdringlichen Finsternis geworden – all das stürmte ungehindert und unaufhaltsam auf die Seele des Retters ein. Jesus sah unverhüllt die ganzen Abgründe menschlicher Bosheit, menschlicher Dummheit, menschlicher Überheblichkeit, menschlicher Verführung. Es war grauenvoll! Als Jesus dann in tiefstem Seelenleiden zu seinem Vater schrie, da wagte er nicht mehr die vertraute Anrede »Abba« – Vater! Es schien, als habe die Finsternis den Lichtstrahl der Liebe Gottes unterbrochen. »Eli, Eli« – o Gott, mein Gott, das war der Anruf des von Gott Verlassenen in seiner tiefsten Erniedrigung. Genau da jedoch wurde wahr (wie nie zuvor): »Als einer im Elend schrie, hörte der Herr und errettete ihn aus aller seiner Furcht« (vgl. Psalm 34,7). Wenn Gottes Zeit gekommen ist, müssen sogar die Heere der Finsternis weichen. Es war das Abendgebet des Heilandes: Abba, »Vater, in deine Hände befehle ich meinen Geist« (Lukas 23,46)! Ihm, dem Vater im Himmel gehörte er – und mit ihm alle, die dafür dankbar sind, dass sie nicht mehr der Sünde gehören müssen, sondern Jesus gehören können.

Mir gefriert das Blut in den Adern, wenn jemand vermessen-kühn der Meinung ist: »Wegen mir hätte man diesen ganzen Aufwand nicht treiben müssen!« Wie befreiend dagegen ist demgegenüber die Erkenntnis: »Ich bin froh, ich bin unsagbar dankbar, dass Jesus wegen mir gestorben ist. Jetzt muss all das viele Falsche, Missratene, Ungute, Schreckliche meines Lebens mich nicht mehr zu Boden drücken. Es muss mich nicht in die Finsternis verstoßen. Jesus hat es getragen.«

Manche fragen, was es einem denn »bringe«, dass Jesus die Sünde der Menschheit getragen hat. Das lässt sich an einer Begebenheit am Kreuz erklären: Zusammen mit Jesus waren zwei Verbrecher hingerichtet worden, einer rechts von ihm, der andere links. Der eine hat Jesus gebeten: »Leg eine Gedenkminute für mich ein, wenn du in dein Reich kommst; du hast ja nichts Böses getan wie wir!« Aber Jesus ist nicht zuständig für Gedenkminuten. Deshalb sagte Jesus zu dem Verbrecher, der in seinem verpfuschten Leben nichts mehr gutmachen konnte: »Garantiert, amen, du wirst *mit mir* im Paradies, in der Welt Gottes sein, noch heute« (vgl. Lukas 23,39-43).

Jesus wäre es zu wenig, für sich allein in der Hand Gottes geborgen zu sein. Er möchte jeden von uns so gerne dorthin mitnehmen: mit ihm zu Gott, zum Vater im Himmel! Jesus, der Befreier, der Retter, der Erlöser, der Heiland, hat unsere Sünde getragen. Er hat unsere Finsternis ertragen. Nun möchte er die Sache zum guten Ende bringen – und uns mitnehmen zu Gott, heraus aus allem, was uns in der Finsternis festhalten möchte.

Ich will keine Wetterfahne sein! Jesus soll mir mehr sein als ein Vorbild für dieses und jenes Gute. Ich möchte immer dankbarer dafür werden, dass Jesus sich so auch in mein Elend »reingehängt« hat, damit ich mich vertrauensvoll nun auch an ihn anhängen darf.

9 Reich werden durch den armen Jesus

Reich durch Armut und Tod?

Bei der Abschlussversammlung der Weltkirchenkonferenz Nairobi 1975 hatte ich mich von den engen Delegiertenplätzen weg auf die Empore geflüchtet. Bei den dünn besetzten Bänken der Pressevertreter fand ich eine ruhige Ecke. Vor mir saß ein Journalist und kritischer Zeitgenosse. Schließlich, nach ermüdenden Schlussreden, wurden die langatmigen Resolutionen verlesen. In ihnen war buchstäblich jedes politische oder soziale Problem jener Tage bedacht worden. Im Stillen ärgerte ich mich darüber, dass man offenbar meinte, zu allem »seinen Senf« geben zu müssen. Der Journalist jedoch beugte sich zu mir herüber und fragte unter verzweifeltem Lächeln: »Hätte nicht für das alles Jesus sich seinen Tod am Kreuz sparen können?«

Darin besteht das erschreckende Manko der Christenheit: Sie weiß kaum mehr, dass es der Kreuzestod von Jesus ist, der Menschen reich machen kann. Sogar in frommsten Blättchen finden sich Osterartikel, die auf den Grundton gestimmt sind: »Zwar war das Leiden von Jesus schrecklich, aber glücklicherweise ist ja dann mit Ostern alles gut ausgegangen!« Die Auferstehung wird also als »Happy End« einer schauerlichen Tragödie dargestellt. Am besten sollte man die Seelen kleiner Kinder davor verschonen! Und wenn man es dennoch nicht lassen kann, dann sollte man wenigstens zügig zum guten Ende kommen! Aber damit ist die Erlösungstat Gottes völlig missverstanden! Der gekreuzigte Jesus ist doch nicht von Gott »schließlich auch noch« auferweckt worden. Vielmehr heißt es in einer der ersten Bekenntnis-Hymnen der christlichen Gemeinde vom zu Tode gebrachten Jesus: »*Darum* hat ihn auch Gott erhöht« (Philipper 2,11). Nicht »trotzdem«. Auch nicht »allerdings«. Sondern »darum«! Als Jesus von Gott auferweckt wurde, da war das Gottes große, außerordentliche Bestätigung:

»Ich habe das Opfer angenommen. Nicht weil ich ‚auf Blut stehe', sondern damit ihr Menschen wisst: Was dieser Jesus gehorsam auf sich genommen hat, das hat alles in Ordnung gebracht. Was Jesus ertragen und getragen hat, das verdient unvergleichliche Anerkennung!«

Der Apostel Paulus macht es uns vor! Er bezeugte engagiert: »Ich hielt es für richtig, unter euch nichts zu wissen als allein Jesus Christus, den Gekreuzigten« (1. Korinther 2,2). Die »Armut« des Gekreuzigten sollte es sein, durch die wir Menschen reich werden. Denn so ist beim Apostel zu lesen: »Ihr kennt die Gnade unseres Herrn Jesus Christus: obwohl er reich ist, wurde er doch arm um euretwillen, damit ihr durch seine Armut reich würdet« (2. Korinther 8,9).

Erstaunlich oft tauchen in der Bibel Geldgeschichten auf, also kaufmännische Begriffe und auch Szenen aus dem Wirtschaftsleben. Sie finden sich besonders dann, wenn ganz elementare Glaubenswahrheiten anschaulich gemacht werden sollen. Offenbar hören wir auf diesem Ohr besonders gut. Wir werden hellwach, wenn es um Geld, Besitz und ums Reichwerden geht. So sprach Jesus davon, dass er sein Leben zum »Lösegeld« geben wird (Markus 10,45). Mit »Lösegeld« ist das Geld für den Loskauf auf dem Sklavenmarkt gemeint. Ein weiteres Beispiel: Vergebung ist so ähnlich, als wenn jemandem, der Millionen unterschlagen hat, mit einem Federstrich alle Schulden erlassen werden (vgl. Matthäus 18,23 ff). Im Psalm 119 heißt es: »Ich freue mich über dein Wort wie einer, der große Beute macht« (Psalm 119,162). Und Paulus fasst die Bedeutung der Erlösungstat, die Gott in Jesus gewirkt hat, zusammen in dem Satz: »Gott rechnete ihnen ihre Sünde nicht zu« (2. Korinther 5,19). Wie eindrücklich ist auch die Formulierung des Paulus: »Gott hat den Schuldschein, der die Forderungen gegen uns enthielt, getilgt; er hat ihn ungültig gemacht und ans Kreuz von Jesus geheftet« (vgl. Kolosser 2,14)!

Aber was ist damit gemeint, dass man durch die Armut des Christus Jesus reich werden kann?

Paulus wollte den armen Jesus vor Augen malen

Wir sollen »reich werden durch die Armut des Christus Jesus«! Damit hat sich der Apostel Paulus keinen Versprecher geleistet, sondern er wollte Mitchristen aufrütteln. Darum wählte er ungewöhnliche Aussagen und benutzte Vergleiche aus dem Wirtschaftsleben. Dabei hat er nicht einfach seine Phantasie spielen lassen. Vielmehr blieb er ganz eng bei den Formulierungen, wie sie ihm in der »Schrift Israels« (von der Christenheit »Altes Testament« genannt) vorgegeben waren. Darunter war auch vor allem der Psalm, den Jesus sterbend am Kreuz gebetet hatte. In diesem Psalm 22 wird staunend bekannt: Gott hat »das Elend des Armen nicht verachtet « (Psalm 22,25).

Paulus lebte ja so sehr in seiner Bibel, dass er bei dieser Aussage »nicht verachtet« sicherlich sofort an eine andere Bibelstelle dachte. Im Nu wird sich da bei ihm eine Gedankenbrücke aufgebaut haben hinüber zum 53. Kapitel im Buch des Propheten Jesaja. Dort wird ja einer beschrieben, welcher der »Allerverachtetste« ist (vgl. Jesaja 53,3). Um diese Gestalt ging es dem Apostel, die wollte er schildern: den von Menschen Allerverachtetsten, den Gott nicht verachtete! Paulus wollte ja immer Menschen Jesus so bildhaft und lebendig »vor Augen malen«, als ob Jesus mitten unter den Zuhörern des Paulus gekreuzigt worden wäre (vgl. Galater 3,1).

In der Bibel gibt es faszinierende Querverbindungen und Zusammenhänge. Plötzlich eröffnet der kurze Satz des Apostels so etwas wie eine neue Dimension. Die Bibel wird plastisch und nimmt auf wunderbare Weise Konturen an: Zusammen mit Psalm 22, mit Jesaja 53 und den Passionsberichten der biblischen Evangelien können wir den »armen« Jesus entdecken, der »doch viele reich macht« (vgl. 2. Korinther 6,10).

Die Armut des reichen Gottessohnes begann schon damals, als er die Herrlichkeit des Vaters im Himmel verließ und als Mensch unser Bruder wurde. Der hochschwangeren Mutter Maria hat man für sich und ihr Kind Jesus nicht einmal ein Notlager gewährt. Schon dem Kleinkind Jesus hat König Herodes das Lebensrecht abgestritten. Als Josef dann später mit dem ihm von Gott anvertrauten Kind aus Ägypten zurückkehren wollte, wohin sie geflohen waren, war für sie kein Platz da in Judäa; sie mussten ins heidnische Galiläa ausweichen, nach Nazareth. Aber auch aus Nazareth wurde Jesus ausgestoßen. Er blieb ohne eigenen Besitz, angewiesen auf die Hilfe anderer. Jesus hatte weniger als jeder Fuchs und als jeder Vogel unter dem Himmel; er hatte keinen Bau, kein Nest, das er sein Eigen nennen konnte. Selbst Leute, die ihn großzügig zum Essen einluden, unterließen bei ihm die elementarsten Regeln wahrer Gastfreundschaft; stattdessen übernahm es eine Hure, Jesus die Füße zu waschen und sein Haupt zu salben. Immer wieder musste Jesus flüchten, weil man ihn steinigen wollte. Keine menschliche Macht schützte ihn. Viele waren neidisch, weil ihm die Zuhörer hinterherliefen. Viele waren missgünstig auf seine Wunder und Heilungen. Es waren in der Tat viele, die sich an ihm ärgerten und ihn sogar der Kollaboration mit dem Teufel bezichtigten. Seine Zeit auf dieser Erde war voller Mühsal. Immer war er umlagert von Hilfesuchenden.

Also wurde Jesus nicht erst in seinem Leiden zum »armen, zu bemitleidenden Ausgestoßenen«, sondern schon durch sein Kommen in diese Welt wurde wahr: »Er kam in sein Eigentum; und die Seinen nahmen ihn nicht auf!« (Johannes 1,11). Eigentlich galt schon vom ersten Augenblick seines Kommens in die Welt an: »Siehe, dein König kommt zu dir, … arm« (Sacharja 9,9) – der Helfer als der Arme!

Martin Luther sprach in seinem tiefgründigen Lied »Nun freut euch, lieben Christen gmein« von der »armen Gestalt«, in die sich Jesus hineingezwungen hat. Vor allem aber sprach Luther überaus volkstümlich davon, was der Grund für diese »arme Gestalt« des Gottessohnes gewesen ist:

»Da jammert Gott in Ewigkeit mein Elend übermaßen, er dacht an sein Barmherzigkeit, er wollt mir helfen lassen. … Er sprach zu seinem lieben Sohn: ‚Die Zeit ist hier zu erbarmen; fahr hin, meins

Herzens werte Kron, und sei das Heil dem Armen und hilf ihm aus der Sünden Not. Erwürg für ihn den bittern Tod und lass ihn mit dir leben!« Wir sollten begreifen: Er wurde einer von uns; denn Gott ist darauf aus, dass wir mit Jesus leben! »Er sprach zu seinem lieben Sohn: ‚… und sei das Heil dem Armen … und lass ihn mit dir leben!'«

Der Sohn Gottes war bereit, als der Nazarener Jesus mitten unter uns Menschen zu leben. Noch tiefer ging jedoch die Herablassung des Sohnes Gottes, als er bereit war, mit uns armen Geschöpfen zu leben. Auch in moderner Sprache kann man das Rettungsziel Gottes für den erlösungsbedürftigen Menschen nicht besser beschreiben als eben mit diesem Begriff: Arme Leute sollen mit Jesus leben dürfen, leben können! »Totale Lebensgemeinschaft mit Jesus«! Das ist das Ziel des Rettungsaktion Gottes!

Das wahre Elend des armen Jesus

Die Armut des Galiläers Jesus von Nazareth wurde weit überboten durch die Armut des gekreuzigten Jesus. Dort am römischen Hinrichtungsgalgen hat Jesus Psalm 22 gebetet, der mit den Worten beginnt »Mein Gott, mein Gott, warum hast du mich verlassen?« (vgl. Matthäus 27,46). In den darauf folgenden Versen dieses Psalms wird erschütternd das Elend eines von Gott verlassenen Menschen geschildert:

»Ich bin ein Spott der Leute und verachtet vom Volke. … Ich bin ausgeschüttet wie Wasser, alle meine Knochen haben sich voneinander gelöst; mein Herz ist in meinem Leibe wie zerschmolzenes Wachs. Meine Kräfte sind vertrocknet wie eine Scherbe … Sie haben meine Hände und Füße durchgraben, ... sie aber schauen zu und sehen auf mich herab. Sie teilen meine Kleider unter sich und werfen das Los um mein Gewand.«

Im Grunde genommen ist dieser Psalm erst richtig »erfüllt« worden im Leiden des Heilandes Jesus. Das ganze »Elend des Armen« wird dort geschildert und beklagt (vgl. Psalm 22,25).

Für diesen »armen Jesus« regte sich keine Hand, für diesen verachteten Jesus trat niemand ein. Noch nicht einmal der Landesherr Herodes nahm sich seines galiläischen Untertanen an. Nur noch den Frauen am Weg hinauf zur Schädelstätte trieb es die Tränen des Mitgefühls in die Augen. Für Jesus wagte niemand ein entlastendes Wort zu sagen. Man stieß ihn aus Israel aus und übergab ihn in die Hände der Heiden. Für diesen Jesus gab es am Ende sogar keinen Quadratmeter Boden mehr, auf dem man ihn leben ließ. Er sollte buchstäblich keinen Fuß mehr auf den Boden bringen, denn man hängte ihn auf, man »erhöhte« ihn auf makabere Weise in die Luft über dem Erdboden. Diese »Armut von Jesus Christus« ist es, an die wir ganz neu erinnert werden sollen.

Worin »Armut« nach der Währung Gottes wirklich besteht, wird in Psalm 22 offenkundig. Arm kann man sogar dann sein, wenn man wirtschaftlich durchaus sein Auskommen hat. Auch war Jesus nicht deshalb »arm«, weil er von den Menschen schrecklich verstoßen wurde. Armut war es vielmehr, erleiden zu müssen: »Mein Gott hat mich verlassen« (vgl. Psalm 22,2)! Diese Art von Armut war es, die Jesus durchlitten hat. Er, der reich ist (nämlich »reich bei Gott«!), wurde arm! Jesus war bereit zu diesem Weg in die äußerste Armut hinein, weil Gott es so haben wollte. Darum findet sich in Psalm 22 der Satz: »Du, Herr, legst mich in des Todes Staub« (Psalm 22,16). »Du«!

Wenn wir eine Erklärung suchen für diese so überaus befremdliche Aussage: »Du warst es, der mich dorthin brachte«, dann müssen wir wieder Jesaja 53 aufschlagen. Denn in dieser prophetischen Ankündigung von Jesaja 53 wurde – ähnlich wie in Psalm 22 – ein Armer und elend Verachteter, ja sogar »der Allerverachtetste« unter den Menschenkindern angekündigt, nämlich der ganz ungewöhnliche, der ganz besondere »Menschensohn«. Dass Gott diesem Allerverachtetsten »unser aller Sünde« aufbürden würde, das würde schlimmer sein als alle Verachtung, die ihn treffen sollte, schrecklicher als alles Ausgestoßensein, Mitleid erregender als alle Schmerzen und Martern, die er auszuhalten hatte, entsetzlicher als alle ihm zugefügten Wunden. »Gott, der Herr, warf unser aller

Sünde auf ihn« (Jesaja 53,6). Und: »Er trägt die Sünden der Vielen« (Jesaja 53,11). Und: »Er ist den Übeltätern gleich gerechnet und er hat die Sünden der Vielen getragen« (Jesaja 53,12). Darin hat das Elend des armen Jesus bestanden.

Jesus ist nach göttlichem Plan mit dem belastet worden, was jeden Menschen vor Gott scheitern lassen müsste: mit unserer Sünde! Gott hat nicht einfach großmütig einen generellen Gnadenerlass ergehen lassen, sondern er ließ Jesus das tragen, was uns ewig wie mit Bleischuhen in den Abgrund von Gott wegziehen müsste. »Gottes Knecht, der Gerechte, schafft den Vielen Gerechtigkeit; denn er trägt ihre Sünden« (Jesaja 53,11). Jesus hat sich zum Lastträger, zum Kuli machen lassen. Jesus hat sich unsere Sünde aufladen lassen, damit wir nun ewig ihm gehören können, und zwar rechtmäßig. Jesus hat das göttliche Programm »Lass sie mit dir leben!« ganz und gar in Kraft gesetzt. Er hat die Verantwortung für unsere Sünde übernommen.

Bei Jesus könnten eigentlich auch Politiker unserer Tage lernen, was es wirklich bedeutet, Verantwortung für einen Missstand zu übernehmen. Das geht heute ja vielen so furchtbar leicht über die Lippen: »Ich übernehme dafür die Verantwortung.« Früher hat das dann bedeutet, dass ein solch Reumütiger seinen Hut nimmt oder wenigstens versucht, den entstandenen Schaden zu mindern. Heutzutage geschieht meist nichts davon. Jesus jedoch hat für die Sünde von uns allen den Kopf hingehalten. Er hat die grauenvolle Gottesfinsternis erduldet.

Als der arme Jesus »sein Leben in den Tod gegeben« (Jesaja 53,12) hat, wurde das »ihr mit mir« und das »ich mit euch« ewig gültig festgeschrieben, rechtsgültig in göttlicher Rechtsordnung. Das kann nun durch nichts mehr aufgehoben werden. Es kann nicht mehr in Frage gestellt werden, selbst wenn im Jüngsten Gericht noch viel von dem ans Tageslicht kommen sollte, was uns eigentlich von Gottes Gegenwart ausschließen müsste.

Der »arme« Jesus ist also noch tiefer gestürzt als im Alten Testament der von seinem Vater Jakob so innig geliebte Sohn Josef. Der

Abstieg von Jesus war noch weit dramatischer und folgenreicher als der Ausstieg von Mose aus dem Glanz des Pharaonenpalastes. Jesus musste tieferes Leiden erfahren als selbst Hiob. Jesus war einsamer als Jeremia. Die Gnade des Christus Jesus besteht darin, dass er, der doch reich ist, arm wurde um unseretwillen!

In meinem langen Leben bin ich immer wieder betroffen darüber gewesen, wie viele Menschen – bis hinein in die Kreise treuer kirchlicher Mitarbeiter und renommierter Theologen – daran herummäkeln. Natürlich wehrt sich menschlicher Verstand dagegen, dass dies möglich sein soll: Einer trägt die Last der Sünde; einer lässt es zu, dass alle unsere Sünde auf ihn geworfen wird! Denn so etwas gibt es sonst in unserer Erfahrungswelt nicht. Aber das, was nicht »menschlich« eingeordnet werden kann, das war als »göttliche« Rechtssetzung ordnungsgemäß durch den prophetischen Gottesboten angekündigt. In Kraft gesetzt wurde dieses »Rettungskonzept« Gottes, als Jesus dann bewusst in den Tod ging. Er wollte, wie er selbst sagte, damit den Menschen dienen, indem er sein Leben »zur Erlösung für die Vielen« gab. Schon allein mit dieser Formulierung (vgl. Markus 10,45 mit Jesaja 53,12) machte Jesus klar: Jetzt setze ich als der elende Lastträger in Kraft, was als göttlicher Plan und als letztgültige Rechtssetzung ordnungsgemäß angekündigt worden war. Darauf können sich Menschen verlassen, die vor Gott bestehen möchten.

Schon reich gemacht durch die Armut von Jesus?

Den Gliedern der Christusgemeinde von Korinth hatte Paulus eigentlich zugetraut, dass sie die Gnade des Christus Jesus kennen. Aber kannten sie diese Gnade denn wirklich? Sicherheitshalber hat Paulus das besondere Profil und den ungewöhnlichen Inhalt dieser Gnade noch einmal bewusst gemacht. Kernpunkt dabei war: Reich gemacht werden kann man durch die Armut von Jesus!

Solche kaufmännische Begrifflichkeit ist ja gar nicht so unpassend! An Jesus, der all seinen Reichtum aufgab, der für uns arm wurde, wird deutlich: So viel hat es »gekostet«, dass es für uns Erlösung gibt. Unser Schuldkonto hat nun keine »roten Zahlen« mehr! Dort am Kreuz hat der arme Jesus als Bürge für die ins Unermessliche angewachsenen Schulden der Menschen den Kopf hingehalten. Er hat an unserer Stelle die Verantwortung übernommen. Damit hat er in Kraft treten lassen: »Ich für euch, und ihr mit mir!« Völlig rechtmäßig dürfen wir nun von seinem unermesslichen Konto an Gerechtigkeit abbuchen. Dafür sind wir zeichnungsberechtigt!

Vor nicht allzu langer Zeit hat jemand in einem Gespräch einfach über den Tisch hinüber ganz cool gesagt: »Wegen mir hätte Jesus nicht gekreuzigt werden müssen!« Ich war so baff, dass ich nichts mehr zu sagen wusste. Dann wollte ich mich innerlich erregen über solches geradezu gotteslästerliche Geschwätz. Doch dann meldete sich mein Gewissen: Denke ich so etwas denn nicht auch sehr oft?

Offenbar geht es auch anderen Christen ähnlich. So musste Paulus »unter Tränen« nach Philippi schreiben: »Sie sind Feinde des Kreuzes Christi. Sie sind irdisch gesinnt. Ihr Gott ist ihr der Bauch« (Philipper 3,18f). Sie sehen so mit Wohlgefallen an sich hinunter, dass sie gar nicht merken, dass sie in den Augen ihrer Mitmenschen und erst recht in den Augen Gottes ein Ekel sind. Über ihre eigene Nasenspitze blicken sie nicht hinaus, erst recht nicht über den Horizont ihres geliebten und götzengleich umsorgten Körpers. Ihnen kommt es nur darauf an, für diesen Körper und für dieses Leben im Körper bei Jesus Hilfe abzubuchen, Trost, Freundlichkeiten oder Ermutigungen! Hauptsache, ihnen geht es gut! Aber für dies alles hätte Jesus nicht sterben müssen. »Sie sind Feinde des Kreuzes Christi!« Ein hartes Wort! Und es sollte auch uns heute wecken!

»Dass wir durch seine Armut reich würden!« – das kleine Wort »durch« hat aber noch eine weitere Bedeutung. Die Armut von Jesus war es, die Menschen Zugang zur Fülle der Gnade von Jesus eröffnet hat. Damals, in der Stunde tiefster Armut, hat Jesus uns

Menschen sein »Verlobungsangebot« gemacht. Sein Ziel war dabei, dass wir – eng miteinander verbunden und aufeinander angewiesen – »wie Ehepartner« mit ihm leben können. Schwache, für Gottes Nähe eigentlich völlig unwürdige Menschen sollen schon jetzt und erst recht im Tod und bis in die Ewigkeit mit Jesus leben können! Jesus kann sie bewahren – besser als jeder noch so treffliche Schutzengel; sie können von Jesus geführt werden; Jesus kann sie auf den Geschmack dessen bringen, was Gott wirklich Freude macht; sie können durch Jesus erneuert werden; Jesus kann sie durch und durch mit der Kraft Gottes erfüllen; ihr Gewissen kann durch Jesus geschärft werden; sie können mit Hoffnung und Zuversicht erfüllt sein durch Jesus; selbst in Nöten können sie durch ihn getröstet werden; er kann sie von Todesangst befreien; er kann sie sogar im Tod bei sich festhalten und in Gottes kommende neue Welt bringen. Den Zugang zu dem allem hat Jesus eröffnet, als er alle unsere Sünde auf sich werfen ließ (vgl. Römer 5,2; Epheser 2,18). Durch die Armut von Jesus sollen Menschen unsagbar reich mit dem lebendigen Jesus werden. Ohne diesen Zugang, den der arme Jesus eröffnet hat, könnte kein einziger Mensch auf die Segnungen und Bewahrungen des Heilandes Jesus Christus hoffen.

In der ostafrikanischen Erweckungsbewegung in Kenia wird Jesus dankbar gepriesen als das »für uns Sünder dahingegebene Opferlamm«. Eines Tages kamen aus einem Nachbarland einige eher charismatisch geprägte dänische Missionare. Sie versuchten, die kenianischen Christen zu belehren: »Es gibt doch schließlich auch noch den Heiligen Geist und seine Gaben! Bleibt doch nicht immer beim Staunen über den gekreuzigten Jesus stehen!« Da fragten die afrikanischen Christen zurück: »Gibt es denn einen größeren Reichtum als den Jesus, der für unsere Sünden ans Kreuz ging? Was hat euch denn der Heilige Geist über eure Sünde gesagt? Braucht ihr denn nicht täglich diese Freude gerade am gekreuzigten Jesus?«

Kennen denn gerade die Christen von heute wirklich schon, was eigentlich die »Gnade unseres Herrn Jesus Christus« ist? Durch die »Armut« des reichen Christus Jesus kann ein Leben unvorstellbar reich werden, auch wenn erhoffte Segnungen und erwünschte Wunder ausbleiben sollten. Der Reichtum besteht in dem größten aller Geschenke: Mir ist der Himmel aufgetan worden – ich darf mit Jesus leben! Ewig mit ihm leben!

1956 war der kleine VW von Pfarrer Johannes Busch, des begnadeten Jugendseelsorgers, auf einer einsamen Moselstraße von einem betrunkenen Karnevalisten gerammt worden. Johannes Busch musste das zerschmetterte Bein amputiert werden. Die Wunde eiterte weiter. Viele Menschen beteten um das Wunder der Genesung. Aber dieses Wunder traf nicht ein. Die Kräfte des Evangelisten und westdeutschen CVJM-Bundeswartes nahmen ab. An einem Sonntagmorgen besuchten ihn meine Eltern. Johannes Busch hatte eben im Radio eine Bach-Kantate mit dem Schlusschoral gehört: »So kommet vor sein Angesicht mit jauchzenvollem Springen!« Der sterbensmatte Johannes Busch sagte unter Tränen: »Ich denke, das kann ich dann auch noch mit einem Bein!« Er hatte sich durch die Armut von Jesus reich machen lassen. Er hatte sich zur Ehrenpromotion in die Welt Gottes bereit machen lassen. Das ist Reichtum! Mehr als alle Heilungswunder.

Bei meinem Vater war seinerzeit, als er noch in vollem Wirken als Abteilungsleiter im Kultusministerium stand, von heute auf morgen eine lebensbedrohliche Krebserkrankung entdeckt worden. Spezialisten versuchten noch lebensrettende Operationen. Viele Menschen im ganzen Land beteten, es möge doch ein Wunder geschehen. Aber nach kurzem, schwerem Leiden kam das Sterben. Ohnmächtig stand auch die junge Stationsärztin neben den engsten Angehörigen am Bett. Nach dem letzten Atemzug des Sterbenden sagte unsere Mutter, über dem Sterbenden betend: »Der vom Kreuz zum Throne stieg, hilft auch dir zu deinem Sieg. Gelobt sei er!« Da legte die Ärztin den Arm um unsere Mutter und sagte nur: »Wie reich seid ihr!«

Im Revolutionsjahr 1848 wollte der Schorndorfer Stadtpfarrer Franck beweisen, dass auch Christen »up to date« sein und auch bei ungewohnt Neuem aktiv mitmischen können. So hielt er auf dem

Marktplatz eine mitreißende Ansprache zur Fahnenweihe der Bürgerwehr. Sein Hauptgedanke war: »Jetzt bricht entscheidend Neues an!« Der pietistische »Stundenmann« Christian Rein sagte ärgerlich: »Ich kann das Drauf-Hineinfahren auf so etwas Neues um die Welt nicht leiden! Wir Christen sind doch reich durch den gekreuzigten Jesus! Der ist doch die Hauptsache!« Er hatte es erfasst! »Er ist die Hauptsache!«

Ich will keine Wetterfahne sein! Natürlich kann Jesus auch heute Menschen bewahren, sie Wunder erfahren lassen, sie in Schwachheit stärken. Aber faszinierender als die staunenswertesten Gebetserhörungen soll mir werden, dass sündige Leute wie ich mit Jesus zu Gott heimkommen können.

10 Glauben – wie macht man das?

Der Glaube an Jesus ist alles andere als menschenmöglich

Eberhard Stammler (1915–2004), Theologe und Journalist, war ein typischer Nonkonformist. Er sympathisierte immer mit solchen politischen und gesellschaftlichen Strömungen, die jeweils keine Hochkonjunktur hatten. Er veröffentlichte das kirchenkritische Buch »Protestanten ohne Kirche« zu einer Zeit, als solche Parolen noch unüblich waren. Eine Überzeugung jedoch hielt er lebenslang fest: »Die Christenheit wird nur dann Zukunft haben, wenn es in ihr Glauben gibt. Darum lautet für die Kirche die Existenzfrage: ‚Will sie denn überhaupt Glauben wecken und zum Glauben einladen?'«

Glaube ist eben nicht etwas, was von vorneherein schon tief innen im Menschen steckt. Dort mag sich vielleicht so etwas wie eine religiöse Ader finden, mehr aber auch nicht! Wahrer Glaube ist etwas Außerordentliches. Glaube muss von Gott her geweckt werden. Glaube ist das Echo auf eine Begegnung mit Gott. Das gilt ganz besonders für den Glauben an Jesus.

Am deutlichsten hat das – stellvertretend für andere Menschen – der ehemalige Anti-Christus-Fanatiker Paulus erlebt. Der Glaube an Christus war nicht aus seinem Inneren herausgewachsen. Vielmehr war das Zutrauen zu Christus in ihm geweckt worden, und zwar gegen seine innerste Überzeugung. Darum konnte er auch so sicher klarstellen: Wer glaubt, verdankt das ausschließlich Gott. Wenn es bei Menschen zum Glauben kommt, dann ist Gott mit derselben Macht am Werk gewesen, die er in der Auferweckung von Jesus eingesetzt hat (vgl. Epheser 1,19f).

Der Anstoß zum Glauben an Jesus geht von Gott aus. Durch Bewahrungen und durch außerordentliche Hilfen hat Gott schon die meisten Menschen spüren lassen: »Du, auf dich kommt es mir an!« Die Frage ist nur, ob sie dann Gott haben abblitzen lassen, oder ob sie danach verlangt haben, dass Gott in ihnen Glauben weckt.

Wie Gott bei Menschen anklopft, wie Gott sich bei Menschen bemerkbar macht, das kann sehr verschieden aussehen. Hier können nur ein paar Beispiele dafür genannt werden: Bei einem Bibelabend in Freudenstadt hatte ich davon gesprochen, dass man Jesus richtig »angehören« kann. Nach dem Ende der Veranstaltung kämpfte sich ein junger Mann zu mir durch, ein Typ wie für ein Werbeplakat, sportgestählt, braungebrannt, hoch gewachsen, schick gekleidet. »Ich wollte Ihnen nur die Hand drücken; denn das ‚angenommen' stimmt auch bei mir! Vermutlich ...« – er machte eine Pause, lächelte geheimnisvoll – »... kennen Sie mich nicht mehr. Wissen Sie, damals bei der Protestbesetzung Ihrer Kirche in Schorndorf war ich der Anführer.« Welche Überraschung! –»Ja, wie ist es denn dazu gekommen, dass Jesus Sie angenommen hat?«, fragte ich. Wieder lächelte der Dressman. »Bei Ihnen wäre das sicher nicht passiert«, sagte er mir offen ins Gesicht. »Sie waren an jenem Abend nur ärgerlich und aufgeregt. Aber Ihr Vikar, der hat sich zu uns gesetzt und mit uns gesprochen. Ganz ruhig hat er zu mir gesagt: ‚Überleg' dir doch einmal, ob nicht dein ganzes Leben Sch… ist!' Ganz ruhig hat er das zu mir gesagt, mitten in einer Kirche. Aber das hat mich getroffen. Es hat mich nicht mehr losgelassen. Denn Ihr Vikar hatte ja Recht! Schließlich habe ich angefangen, im Neuen Testament zu lesen. Dabei hat's bei mir geklingelt: Gerade solche Leute wie mich will Jesus annehmen!« Jesus kann also offenbar sogar einen Kraftausdruck benutzen, um bei Menschen anzuklopfen.

Mutter Spieler war ein ganz treues Glied unserer Kirchengemeinde. Sie war aktiv im Besuchsdienstkreis. In der wöchentlichen Bibelstunde gehörte sie zu denen, die besonders wach zuhörten. Eines Tages wagte ich, sie zu fragen: »Frau Spieler, wie ist denn eigentlich in Ihr Leben der Glaube hineingekommen?« Sie zögerte etwas mit der Antwort. Aber dann sagte sie, richtig glücklich lächelnd: »Als junges Mädchen kam ich nach Stuttgart als Dienstmädchen. Ich war in Stellung in einem reichen Rechtsanwaltshaushalt. Die Frau Doktor hat mich samstags und sonntags so eingespannt, dass ich nie mehr einen Gottesdienst besuchen konnte. Zuerst habe ich gar nichts vermisst. Aber dann habe ich einen – sie sagte es eben breit schwäbisch – ‚Gluschda' (also ein Gelüsten, ein Verlangen) bekommen, ich kann's gar nicht beschreiben, wie groß der ‚Gluschda' wurde! Der ‚Gluschda' nach Gottes Wort!«

Ein Stuttgarter Fernsehredakteur wollte einen Film über den württembergischen Pietismus drehen. Ich machte ihm klar: »Sie sollten doch zeigen, was dort heute lebendig ist: Aktivitäten, Treffen, soziale Modelle, Jugendgruppen! Die Historie allein bringt es doch nicht!« So waren wir also an den Pfingsttagen unterwegs zu den großen Gemeinschaftstreffen, Jugendtagen und Missionsfesten. Die Kameraleute und der Redakteur waren begeistert von dem, was sie sahen. Beim Aidlinger Jugendtreffen wurde gedreht und gedreht! Aber dann hatte der findige Redakteur etwas entdeckt. Das Aufnahmeteam folgte ihm zielstrebig die Versammlungswiese hinunter. Dort, am Rand der auf den Rasen gelagerten Tausende, hatte er die ganz in schwarzes Leder gekleideten Motorrad-Fans entdeckt. Nur unwillig ließen sie sich vom Redakteur in ein Gespräch verwickeln. Offensichtlich wollten sie mitbekommen, was durch die Lautsprecheranlage bis zu ihnen durchdrang. Als dann der Redakteur fragte: »Ihr seid doch vermutlich hier wegen der Mädels?«, da antwortete der »Boss« der Motorrad-Clique: »Ja, auch wegen der Mädchen, hauptsächlich aber, weil man hier etwas hört, was man sonst nirgends hört!«

Den russischen Zaren Alexander I. (1777–1825) ließ Gott über ein Bibelwort stolpern. Als er nämlich etwas verstört den Fürsten Galitzin aufsuchte, verzweifelt über den unaufhaltsamen Vormarsch der französischen Armeen auf Moskau, da blätterte er gedankenverloren in einem Buch. Der Fürst hatte es auf seinem Schreibtisch liegen: eine Bibel. Der Zar hatte schon lange keine Bibel mehr in der Hand gehabt. Aber nun fiel sein Blick auf das Psalmwort: »Wer unter dem Schirm des Höchsten sitzt, und unter dem Schatten des Allmächtigen bleibt, der spricht zu dem Herrn: Meine Zuversicht und meine Burg, mein Gott, auf den ich hoffe« (Psalm 91,1f)! Wie vom Blitz getroffen verließ der Zar den Raum. Von seiner Ehefrau, einer badischen Prinzessin, lieh er sich deren Bibel aus. Nur einige Wochen danach gab er den Befehl, eine eigene russische Bibelgesellschaft aufzubauen.

Gott kann ganz eigenartige Wege gehen, wenn er bei Menschen Glauben wecken möchte. Das hat mich immer fasziniert. Darum bin ich auch beinahe neugierig dem nachgegangen, wie Gott in früheren Zeiten und auch erst recht bei Zeitgenossen Glauben geweckt hat. Dabei ist mir aufgegangen: Gott kann dazu Verkündiger gebrauchen, die einen ansteckenden Glauben haben. Gott kann Gottesdienste und Evangelisationen zu Glaubensimpulsen benutzen. Gott kann aber auch anders. So ist liebevolles persönliches Anteilnehmen von Menschen oft eine Brücke, die Gott gerne beschreitet.

Bei Friedrich von Schlümbach (1842–1901) war es jedenfalls so. Dass er einmal zum Gründer deutscher CVJM-Arbeit werden würde, konnte niemand ahnen, am wenigsten seine Mutter. Der missratene Sprössling bekannte später: »Ich habe ihr das Herz gebrochen! So, wie ich lebte, habe ich sie zollweise unter den Boden gebracht!« Der unehrenhaft aus der württembergischen Armee Ausgestoßene wanderte nach Amerika aus, beteiligte sich dort am Bürgerkrieg und wurde als bekennender Atheist in amerikanischen Gottesleugnerkreisen herumgereicht. An einem Wochenende hatte ihn sein ehemaliger General Albright in sein Haus eingeladen. Zusammen mit den Gastgebern besuchte er aus Höflichkeit den Gottesdienst am Samstagabend. Dort berührten ihn zwar auf merkwürdige Weise die dort gesungenen Lieder, aber die Predigt des Pfarrers war so knochentrocken und unanschaulich, dass von Schlümbach bei sich dachte: »Wozu reise ich als atheistischer Propagandaredner durch die Staaten, wenn die Kirchenleute den Untergang ihrer eigenen Sache noch viel besser besorgen?« Am Abend wurde von Schlümbach von der Frau des Generals angesprochen. Er hatte schon die Sorge, sie wolle ihn in ein religiöses Gespräch verwickeln. Die Generalsfrau jedoch fragte nur: »Haben Sie auch noch eine Mutter zu Hause?« Da stürzten Friedrich von Schlümbach Tränen aus den Augen. Als er zwölf Stunden später den gastlichen Ort verließ, gingen zwei Bibelworte mit ihm. Ein etwas unbeholfener junger Pfarrer hatte sie im Gottesdienst am Sonntagmorgen ausgelegt: »Dir sind deine Sünden vergeben.« Und: »Sündige hinfort nicht mehr!« Wenige Jahre später wurde von Schlümbach vom Berliner Hofprediger Adolf Stoecker und vom Bonner Theologieprofessor Theodor Christlieb nach Deutschland geholt, um der deutschen Christenheit entscheidende Impulse in Sachen »Evangelisation« und »missionarischer CVJM-Arbeit« zu geben.

Und ich sagte »Ja«

Gott wirbt um Menschen. Sehnlich wartet er auf ihr »Ja«. Jesus Christus möchte Menschen »ergreifen« (vgl. Philipper 3,12). Dekan Walter Tlach (1913–1985), der große württembergische Bibellehrer, konnte sagen: »Jesus hat mich gepackt wie ein widerstrebendes Karnickel!« Gespannt wartet Jesus aber dann darauf, dass solche »gepackten« Menschen ihr Widerstreben aufgeben. Sie sollen vielmehr von dem Verlangen erfüllt werden: »Ich möchte Christus gewinnen und in ihm gefunden werden« (Philipper 3,8f).

Tief unten in einem Seitenfach meines Aktenkoffers habe ich einmal einen weißen Zettel gefunden. Zuerst nahm ich an, es sei ein vergessenes leeres Notizblatt, aber dann entdeckte ich: Das ist ja beschrieben. Ich las: »Jesus, ich gehöre dir! Kein anderer soll über mich verfügen. Dir allein will ich gehören. Mach es ewig fest mit mir!« Wer das geschrieben hat, weiß ich nicht. Den Menschen, der das unterzeichnet hat, kenne ich nicht; den kennt nur Jesus. Vermutlich hat jemand diese seine Erklärung heimlich in mein Köfferchen gesteckt. Denn bei Bibelwochen und bei evangelistischen Vorträgen habe ich schon manchmal erzählt, dass ich in meinem Geldbeutel einen kleinen Zettel mit mir trage: »Dir, Jesus, will ich gehören!«

Jesus hat es ganz klar fest gemacht: Er will für eigentlich unwürdige, aber der Rettung höchst bedürftige Menschen da sein. Er hat das fest gemacht in seinem Leiden unter den Mächten der Finsternis am Kreuz. Das von Jesus eingesetzte Mahl und die von Jesus gestiftete Taufe auf seinen Namen sollen es Menschen auf den Kopf zusagen: »Das gilt auch dir!« Diese verlässliche Zusage des Christus Jesus kann man festmachen, sogar schwarz auf weiß, wie auf jenem Zettel.

In meinem eigenen Leben hat es manche wichtige Wegmarken gegeben. Sie sahen unterschiedlich aus. Einmal war es ein an Jesus geschriebener Gebetsbrief. Ein anderes Mal war es ein aus tiefem Erschrecken heraus gestammeltes Beichtgebet: »Erbarmender Jesus, lass doch dein Sterben auch für dies alles gelten!« Wieder ein anderes Mal habe ich ganz bewusst eine große Aufgabe übernommen; bis dahin hatte ich sie im Kleinglauben (»Das schaffe ich nicht!«) von mir gewiesen. Aber »mit Jesus« ging ich bewusst auf sie zu.

»Mit Jesus!« – eigentlich steht jede kirchliche Trauung unter diesem Motto. Im Grunde genommen war auch die Konfirmation so gedacht: Junge Menschen, als Kleinkinder getauft, sollten sagen können (so war es in Württemberg üblich): »Herr Jesus, dir leb ich, dir leid ich, dir sterb' ich, dein bin ich tot und lebendig. Mach mich, o Jesus, ewig selig!« Weil dies alles sich durch Gewohnheit abschleifen kann, werden heute Tauf-Erneuerungsgottesdienste angeboten. Es gibt die Gelegenheit, mit persönlichen »Zeugnissen« vor anderen Mitchristen festzumachen: »Ich will mit diesem Jesus rechnen!« In diesen Veranstaltungen gibt es, wie bei ProChrist, das Angebot, Übergabegebete an Jesus nachzusprechen.

Eine solche Lebensübergabe ist nicht etwa wie ein Siegel zu verstehen, das einem Vertrag erst Gültigkeit verleiht. Aber sie ist eine menschliche Empfangsbestätigung. Sie ist ein Signal des Dankes an Gott und an seinen Sohn Jesus. Sie ist eine seelsorgerliche Hilfe für schwache Menschen, wie auch ich einer bin.

Wie Glaube ganz praktisch aussehen kann

Ich erinnere mich an ein Gespräch mit einem überaus kritischen Journalisten. Nach den üblichen Fragen zum unerfreulichen Hickhack der Kirchenpolitik fragte er mich: »Wenn Sie auf eine einsame Insel nicht die Bibel, sondern nur ein Blatt der Bibel mitnehmen könnten, welches Blatt würden Sie dann wählen?« Nach kurzem Besinnen schoss mir durch den Kopf: Dann würde ich das Bibelblatt wählen, wo auf der einen Seite Philipper 4 steht »Ich vermag alles durch den, der mich mächtig macht, Christus!«, und wo auf der anderen Seite zu lesen ist: »Ich möchte Christus gewinnen und in ihm erfunden werden. Ich möchte nicht meine, sondern seine Gerechtigkeit haben. Ich warte darauf, dass er meinen vergänglichen Leib verklären wird, dass er gleich werde seinem verklärten Leibe nach der Wirkung der Kraft, mit der er kann alle Dinge sich untertänig machen« (Philipper 3,8f).

Das möchte ich mir vorhalten, wenn mir auf einer solchen einsamen Insel plötzlich anderes wichtiger werden sollte, etwa das Verlangen nach menschlicher Gemeinschaft, nach Unterhaltung, nach den Freuden der Zivilisation. Ich möchte doch nicht *irgendetwas* glauben, sondern ich möchte *mit Jesus* leben, ganz dicht mit ihm verbunden.

Von Jesus ist Folgendes berichtet: Eines Tages kamen seine Freunde zu ihm; die Bibel nennt sie seine »Schüler«, seine »Jünger«. Drei Jahre waren sie Tag und Nacht bei Jesus gewesen. Mehr als wir alle hatten sie aus berufenem Mund Zuverlässiges über Gott und seinen Willen gehört. Sie hatten erlebt, was Jesus in Gottes Kraft alles vermocht hatte. Trotzdem taten sie sich offenbar schwer mit dem Glauben. So baten sie damals Jesus: »Herr, stärke uns den Glauben« (Lukas 17,5)!

Die Jünger hatten offenbar ganz ehrlich das Gefühl: Unser vorsichtiges religiöses Interesse, unser geringes Zutrauen zu Gott, unser begrenztes Verstehen – das alles verdient doch nicht den Begriff »Glaube«! Glaube, das muss doch etwas ganz anderes sein! Da müssten wir Gott, wenn wir wirklich Gott und nicht irgendeinen Popanz meinen, ganz anders ehren, ganz anders auf ihn hören, uns ganz anders um ihn kümmern, viel demütiger vor ihm sein!

Auch meinen eigenen, oft so armseligen Glauben hat Jesus immer wieder zurechtgebürstet. Meist hat er dazu Bibelworte benutzt, die plötzlich so auf mich gewirkt haben, als seien sie gerade nur mir zugeteilt. So ist es mir auch mit meinem Konfirmationsspruch gegangen. Im Frühjahr 1945, wenige Tage vor Kriegsende, war ich höchst unglücklich mit der Spruchkarte, die mir der Ortspfarrer jenes Dorfes auf der Schwäbischen Alb in die Hand gab. Er hatte sie wahrscheinlich unter alten Beständen sonst nicht brauchbarer Konfirmationssprüche entdeckt; denn damals durften ja keine christlichen Sprüche mehr gedruckt werden. Da hieß es – zwar weihnachtlich, aber nicht gerade konfirmationsgemäß im Sinne eines hilfreichen Leitwortes für das Leben: »Der Sohn ist uns gegeben und die Herrschaft ist auf seiner Schulter!« Bis mir dann in einer Situation, als ich das Gefühl hatte, dass man mir die Ehre genommen habe, als ich mehr Kritiker als Freunde zu haben schien, aufging, was das bedeutet: *Mir* ist der Sohn Gottes gegeben, als mächtiger Freund zugeteilt, als Helfer an die Seite gestellt, als Freund gewährt, als Ehre geschenkt. Mir! Daran will ich mich halten – zusammen mit allen, denen auch dieser Jesus angeboten ist. Ich will doch nicht irgendetwas glauben, sondern dieses ernst nehmen: Mir ist der Sohn Gottes gegeben – bis ins Sterben hinein! Und diesen Sohn Gottes möchte ich festhalten!

Jüngst hat mich in einem Gottesdienst im Saal der Korntaler Brüdergemeinde ein Jesuswort ganz unmittelbar angeredet. Von der ganzen ausgefeilten, tief in der Bibel gegründeten Predigt des Ortspfarrers ist mir eigentlich nur dieser Splitter einer Jesusaussage geblieben: Wer mit Jesus verbunden ist, »der wird«, so heißt es bei Jesus, »leben um meinetwillen« (Johannes 6,57). Jesus investiert sich selbst, um mit mir weiterzukommen. Es ist Jesus wichtig, dass meine Verbundenheit mit ihm nicht in Routine erstarrt. Er selbst, Jesus, ist darum besorgt, dass aus meinem Leben etwas davon widerstrahlt, dass er mein Leben bestimmt.

In letzter Zeit schreibe ich sehr oft mein Gespräch mit Gott auf als eine Art Gebetsbrief. Das ist dann alles andere als ein »Wunschzettel an das Christkind«, sondern das ist oft durchsetzt von dem Gebetsruf: »Jesus, ich möchte doch dir gehören!« »Lass mich dein sein und bleiben, du treuer Gott und Herr!« Vor allem sind solche Gebetsbriefe eine wunderbare Gelegenheit, Jesus für all das zu danken, was er Menschen in Fülle gewährt – von den Jahrzehnten des Friedens bis hin zu hilfreichen Menschen. Schließlich habe ich eine lange Liste zusammengestellt mit den Namen all der Menschen, die Gott mir als Glaubensimpuls in den Lebensweg geschickt hat: Patentanten, Kindergottesdienst-Helferinnen, Lehrer, Nachbarn, Vorbilder, hilfreiche Freunde und, und, und. Darüber habe ich geschrieben: »Lieber Gott, vielen Dank für diese Menschen!« »Irgendwie« dankbar war ich schon immer für diese Menschen gewesen. Aber »danke« *sagen*, das ist noch einmal etwas ganz anderes, als »irgendwie« eine dankbare Stimmung zu verspüren.

Gleich danach kam der Anstoß: Jetzt schreibe doch auch einmal all die Titel und Ehrennamen auf, die du für Gott und Jesus in der Bibel findest: Majestät, Unsterblicher, König der Ehren, Freund des Lebens, Erlöser, Hirte. Ich bin längst auf der sechsten eng beschriebenen Seite angelangt – und seitdem ist mein Reden mit Gott würdiger geworden, ernsthafter, anbetungsgemäßer, der Heiligkeit Gottes gerechter.

Es müssen nicht einmal immer Bibel- und Predigtworte sein, durch die Jesus zu Menschen des Glaubens redet. Nicht einmal müssen es Liedzeilen und Gebete sein, die Jesus dazu benutzt, um uns anzusprechen und zurechtzubringen. Es können auch kleine tägliche Ereignisse plötzlich transparent werden für die sonst unsichtbare Gegenwart von Jesus. Es hat mir imponiert, als vor kurzem mein Hausarzt besorgt sagte: »Jetzt wird es mir aber mulmig!« Imponiert hat mir die menschliche Größe, weil da ein Experte die Grenzen seines eigenen Könnens so offen zugab. Zugleich war es für mich ein Anruf von Jesus: »Lässt du dir eigentlich auch von mir noch sagen, wo ich über deinen mulmigen Glaubenszustand erschrecke?«

An einem Tag, an dem aber auch alles schief zu laufen schien, kam obendrauf noch ein unerwarteter Besucher. Meinen Unmut ließ ich mir offensichtlich zu deutlich anmerken. So fragte der Besucher Anteil nehmend: »Was ist denn los? Kann ich Ihnen mit irgendetwas helfen? Schließlich bin ich doch dazu da!« Gerade den letzten Satz hat Jesus für mich tröstlich zurechtgebogen. Mag dir auch der freundliche Besucher gerade mit seiner so gut gemeinten Hilfsbereitschaft den letzten Nerv rauben, ich, dein Jesus, lasse dich wissen: »Ich bin schließlich auch noch da!« Welch ein Trost für meine aufgewühlten Nerven!

Vielleicht wirke ich auf manche mit all dem so persönlich Berichteten so, als sei ich abgedriftet in eine verstiegene Mystik, in unnatürliche Bigotterie, in überkandidelt Seelisches, in religiösen Selbstbetrug, in komische Sektiererei. Ist denn solche Praxis des Glaubens noch normal? Normal und üblich ist es, dass wir Menschen wohl auf keinem anderen Gebiet so leichtfertig schlappmachen wie im Religiösen. Im Vergleich dazu ist es jedoch überaus selten, dass ein Mensch religiös durchdreht und in eine bedauerliche »ekklesiogene Neurose« hineinkommt. Die »frommen Spinner« sind seltener, als man denkt. Da gibt es unendlich viel mehr verrückte Fans aller Art oder in Sexphantasien verstrickte Menschen.

Jesus hat mich angenommen

Im Juli 2001 bin ich von einem Augenblick zum andern damit konfrontiert worden, dass in meinem Körper etwas ungut wuchert. Umgehend wurde der Operationstermin festgelegt. Aber der Professor wollte keinen Eingriff vornehmen, bevor ich nicht einen Herzschrittmacher bekommen hätte. In jenen Tagen vor den Eingriffen hat Gott mich »erzogen«.

Es gehört ja zur schwäbischen Erziehung, dass man als Vater seinen Kindern auch dann und wann eindeutig klar macht: »Wisst ihr eigentlich noch, wo ihr hingehört?!« Damals, in jenen Sommertagen hat mir Gott ganz und neu klar gemacht: »Weißt du eigentlich, wem du gehörst? Doch nicht deiner Krankheit, nicht deiner Angst, nicht deinem Lebenshunger, nicht den Ärzten, noch nicht einmal deinen Angehörigen und erst recht nicht dir selbst. Du gehörst doch mir – im Leben und im Sterben!«

Diese Gewissheit war nicht hopplahopp da. Zuerst war da vielmehr mein Erschrecken über mich selbst: Glaube ich denn wirklich, dass es das gibt: Auferstehung der Toten und das ewige Leben? Ja, doch, das glaube ich. Gott, weil er wirklich Gott ist, wird doch die Welt nicht den Mächten der Zerstörung völlig überlassen!

Aber warum klammere ich denn mich dann so fest an diesem bisschen Leben? Warum hoffe ich darauf, dass die Operation alles Bösartige erwischt, dass es noch einmal eine Verlängerung meines Lebens gibt? Warum kralle ich mich so stark in dieses Leben hinein? Warum kann ich denn nicht Ernst damit machen, dass dieses schöne Leben nichts anderes ist als Zwischenstation, Raststätte für Weiterjagende, Umsteigebahnhof?

Dazu kam ein weiteres Erschrecken: Als wenn ich es noch nie in mich aufgenommen gehabt hätte, las ich während meiner morgendlichen Bibellese das Jesuswort: »Welche aber gewürdigt werden, jene Welt zu erlangen und die Auferstehung der Toten ...« (Lukas 20,35). Ich musste mich »vor Gott« fragen lassen: »Gehöre ich denn zu denen, die gewürdigt sind, dass es für sie nach dem Tode in der Welt Gottes weitergeht? Worin besteht denn meine Würdigkeit?«

Ich kann es gar nicht recht beschreiben, was sich in jenen Tagen abgespielt hat. Ich hatte darum gebeten, dass nur die engsten Angehörigen mich besuchen – und auch diese nur ganz kurz. Als Begründung zitierte ich die Gesangbuchzeile: »... denn ich brauche alle Kräfte, in dem großen Gott zu ruh'n!« Seitdem ich wieder aus der Stille des schützenden Krankenhauses heraus bin, habe ich manchmal fast Heimweh nach jenen stillen Stunden im Reden mit Gott. Wenn wir nicht bloß »irgendwie« an »etwas« glauben wollen, dann brauchen wir viel Stille, Abschalten, Ruhe.

In dieser Stille zwischen dem Abschiedsgruß des Nachtpflegers um 5.30 Uhr und der Chefvisite um 8 Uhr hat Gott mich in einen Heilungsprozess hineingeholt. Ob die Metastasen vollständig abgetötet werden konnten oder ob der Krankheitsprozess nur »schlummert«, weiß ich nicht. Aber das weiß ich – und nicht nur irgendwie: dass Gott mich damals im Hospital noch mehr zurechtgebracht hat als bei dem, was mich vor meinem Krankenhausaufenthalt aufgerüttelt hat. Gott kann auch gerade die Zeiten der Not dazu benutzen, dass er uns so nahe kommt wie selten zuvor.

Es war ein Bibelwort, das mich aus meiner Angst herausholte, ich sei doch gar nicht gewürdigt, die Auferstehung der Toten und jene Welt zu erlangen. Denn mir war bewusst geworden, wie oft ich Jesus betrübt hatte, den heiligen Gott entehrt, Menschen wehgetan! Wie oft wollte Gott in mein Leben hineinwirken, wo ich gemeint habe, ihn nicht zu brauchen. Wie oft habe ich mir selbst gedient und eben das getan, was mir Spaß machte und was ich mir wünschte! Von Würdigkeit konnte da nicht mehr viel die Rede sein. Aber dann traf mich – gleich doppelt – das Wort, dass Gott sogar Zweifler »endlich mit Ehren annimmt«, dass Jesus »Sünder annimmt«, dass wir einander annehmen sollen, »wie uns Christus angenommen hat«, nämlich als Unwürdige. So wie ein Arzt sich nicht mit Kerngesunden abgibt, sondern oft mit absoluten Notfällen, so nimmt sich Jesus der Unwürdigen an.

In diesem Glauben möchte ich weiter wachsen! Nicht aus sturer Unbeweglichkeit, sondern weil ich von der Wahrheit des Christus Jesus nicht wegkomme! Auch gerade dann, wenn ich den Jesusglauben mit anderen Religionen und Weltanschauungen vergleiche.

Religionen, Weltanschauungen – und Jesus!

Mit ihrem Glaubensbekenntnis lädt die Christenheit zum Nachdenken ein. Eingeladen sind Menschen, die sich ehrlich hinterfragen und in aller Stille prüfen wollen: »Ist denn nicht doch das, was die Christen bekennen, letzte Wahrheit?« Noch im Prozess vor

Pilatus hat Jesus bekannt: »Ich bin dazu geboren und in die Welt gekommen, dass die Wahrheit bezeugt wird. *Wer aus der Wahrheit* ist, der hört meine Stimme« (Johannes 18,37). Wer also ehrlich ist vor sich selbst und vor Gott, der kann die Wahrheit erkennen, die Jesus in die Welt gebracht hat.

In allen Religionen und auch Weltanschauungen entdecke ich Grundstrukturen, die einander merkwürdig ähneln. Sie alle sind hoch achtbarer Ausdruck dafür, dass es Menschen gibt, die mehr als nur »irgendetwas« glauben wollen. Im Vergleich mit diesen Grundüberzeugungen kann aber auch das Neue hervorgehoben werden, das Christus in die Welt gebracht hat. Es wird erkennbar, dass Jesus Christus und der Glaube an ihn anders, völlig anders als alle sonst üblichen religiösen Vorstellungen sind.

Denn alle Religionen und auch Weltanschauungen sind auf die Grundlage gebaut: Der Mensch, wenn er nur recht will und wenn er daran nicht gehindert wird, kann über sich hinauswachsen; er kann unvorstellbare Opfer bringen. Er kann Unermessliches leisten. Der Mensch kann sich aus der Flachheit des Lebens erheben und zu höheren Zielen finden. Jesus jedoch hat im Gleichnis erzählt von einem jungen Mann, den es mit allen Fasern seines Wesens wegzog vom Guten, vom Vater, vom Einsatz für das Rechte und Wahre. Damit hatte Jesus ja die Frage gestellt: Ist denn nicht dies die wahre Situation des Menschen, dass es ihn wie mit tausend Stricken wegzieht vom Guten, vom Reinen, vom Geborgensein bei Gott?

In allen Religionen und Ideologien spielen Appelle eine ganz große Rolle: »Dieses ist zu tun! Jenes muss angepackt werden!« In der Bibel jedoch ist zentral wichtig, was denn Gott alles für uns getan, gemacht, gewirkt hat und was er noch wirken kann und will.

In allen Religionen und Weltanschauungen ist vorrangig wichtig, was Menschen hilfreich an *anderen* tun. In Sachen »Nächstenliebe« haben die Christen wahrlich kein Monopol! Glieder anderer Weltreligionen machen ihnen an Nächstenliebe sogar noch einiges vor.

Für Jesus ist Nächstenliebe ganz gewiss auch wichtig. Aber noch wichtiger war und ist ihm bis heute: *Ich* möchte Entscheidendes, Rettendes, Heilschaffendes *an euch* tun! Damit stellt doch Jesus die Frage auch an mich: »Was brauchst du? Was muss ich an dir tun? Welche Ermunterung brauchst du, um auch bei anderen Menschen für Veränderungen zu sorgen?«

In allen Religionen und Weltanschauungen findet sich die Überzeugung: Zwar ist noch keiner von uns »durch und durch« ein Engel; aber tief drinnen in uns ist ein guter Kern voll Verständnis, Liebe, Barmherzigkeit und Geduld, voll Selbstlosigkeit und Reinheit. Jesus hat jedoch den Menschen aller Kontinente und Kulturstufen völlig anders gesehen. Er, der wusste, »was im Menschen war«, kannte die Gerümpelecken im Keller unserer Seele: »Aus dem Herzen des Menschen kommen arge Gedanken – Mord, Ehebruch, Hurerei, falsch Zeugnis, Lästerung«, so sagte Jesus einmal traurig (vgl. Matthäus 15,19). In aller Stille und Ehrlichkeit kann ja jeder für sich prüfen, ob er Recht hat.

In allen Religionen und erst recht in den Ideologien spielen die Massen eine große Rolle: die Mehrheiten, die Aufmärsche, die Prozessionen. Es ist wichtig, die Massen zu gewinnen und die Massen bei der Stange zu halten. Für Jesus war und ist wichtig, dass er mit *einzelnen* Menschen in Kontakt kommen und mit ihnen in Verbindung bleiben kann: »Bleibet in mir und ich in euch!« Das wird ja aus den Berichten der biblischen Evangelien deutlich, dass es Jesus vor allem mit Einzelnen zu tun hatte und dass nicht ein einziger Einzelner ihm nebensächlich war.

In allen Religionen und Weltanschauungen ist die Begeisterung wichtig, das Mitreißende, die Ekstase. Für Jesus hingegen ist wichtig: die nüchterne Ehrlichkeit vor Gott, vor sich selbst und vor anderen Menschen – und das Eingeständnis: »Ich elender Mensch! Wer wird mich erlösen?!« Das ist der Ausgangspunkt dafür, Jesus als Erlöser zu finden – aber nicht »irgendetwas« Erhebendes, Gefühliges, Unaussprechbares.

In den Religionen und Weltanschauungen ist Geschlossenheit wichtig. Keine Abweichler dürfen aus der Reihe tanzen. Es muss zusammenkommen und zusammenbleiben, was zusammengehört: Gleiches zu Gleichem, Überzeugte zu den Chef-Ideologen, Einsatzbereite zu anderen Opferwilligen. Jesus jedoch hat bei Menschen »angedockt«, die nicht rein waren wie er, nicht selbstlos wie er, nicht gütig wie er. Paulus, der vormals glühende Verfolger der Christen, hat es auf den Punkt gebracht: »Das ist verlässlich wahr, das ist eine Tatsache, die bekannt gemacht werden muss, dass Christus Jesus in die Welt gekommen ist, um Verlorene zu retten« (1. Timotheus 2,15). Christus will Gescheiterte retten, Zweifler, Tunichtgute, vom Teufel Besessene, Egoisten, Geizige und vom Hass Zerfressene.

In den Religionen und Ideologien kommt es darauf an, dass geschehenes Unrecht aufgedeckt und auch gesühnt wird. Weil das Unrecht jedoch so komplexe und verwachsene Wurzeln hat, genügt es oft schon, wenigstens »pro forma« einen »Sündenbock« herauszustellen und zu opfern. (Wir kennen das vom Fußball, wo es meistens den am wenigsten schuldigen Trainer trifft.) Jesus jedoch hat mit seinem Opfer deutlich gemacht: Dazu musste ich aus Gottes Welt kommen! Kein Irdischer kann das Unrecht anderer Menschen sühnen! Aber ich gebe mein Leben zur Erlösung für viele; dazu bin ich »gekommen«!

In eigentlich allen Ideologien und Religionen gibt es ein tiefes Verlangen nach einer vollkommenen Welt, nach einer Welt, in der Gerechtigkeit wohnt. Darum auch die vielen Programme und Aufrufe: »Lasst uns die neue Welt schaffen!« Vermutlich hat Johann Christoph Blumhardt (1805–1880) besser verstanden, dass Jesus ein anderes Ziel verfolgte, nämlich das göttliche »*Ich* mache alles neu« (Offenbarung 21,5). Blumhardt konnte im Blick auf Menschen sagen: »Nein, von *euch* wollen wir die neue Welt nicht!«

»Wer aus der Wahrheit ist«, wer ehrlich gegen sich selbst und gegen Gott ist, der kann vernehmen, dass Jesus anders ist als alles, was Religionen und Ideologien anbieten.

Jesus gibt es wirklich!

Es gab einmal einen thüringischen Kantor, der begleitete sonntäglich zu Fuß seinen Pfarrer zu den drei Gottesdienstorten und hörte auch geduldig dreimal dieselbe Predigt an. Einmal jedoch sagte er auf dem Heimweg: »Herr Pfarrer, wenn man Sie so predigen hört, dann könnte man fast meinen, Jesus gibt's wirklich!«

Davon allerdings bin ich voll überzeugt. Jesus gibt es wirklich. Das ist mein Glaube – nicht an »irgendetwas«, sondern an ihn, in dem der heilige Gott uns so nahe kommen will. Er kann uns heraushelfen aus dem Sich-genügen-Lassen an einem vordergründigen Glauben, an bruchstückhafter Frömmigkeit. Er kann uns dazu animieren, er kann schöpferisch an uns arbeiten, damit unser Glaube etwas Rundes wird, etwas Vollkommenes, etwas Ganzes.

Ich will keine Wetterfahne sein! Fromme Erfahrungen und theologische Lehrmeinungen sind ja ganz interessant. Aber ich möchte herauskommen aus dem Hin und Her meines Gewissens (»Dein Glaube reicht aus!« – »Ob er aber wirklich reicht?«) Jesus soll mir helfen, meines Heils gewiss zu werden.

11 Gehorsam ist der Christen Schmuck

Was so oft missverstanden wird

»Mut zeiget auch der Mameluck, Gehorsam ist des Christen Schmuck.« Unser verehrter Landsmann Friedrich Schiller konnte es noch wagen, so etwas kühn zu behaupten (im Gedicht »Der Kampf mit dem Drachen«). Inzwischen haben wir gelernt: Gehorsam wollen auch Glieder anderer Religionen sein. Christen können kein Monopol auf Gehorsam gegen religiöse Gebote beanspruchen. Erst recht haben sie kein Monopol auf Nächstenliebe.

Es muss aber auch gefragt werden: Ist denn wirklich für Christen der »Gehorsam« so typisch? Zwar wird oft gesagt: »Richtige Christen denken anständig, sie leben selbstlos, sie lieben ihre Nächsten!« Aber dies alles kann man doch auch von richtigen Buddhisten und von vorbildlichen Muslimen behaupten. Es ist doch ein Missverständnis, dass dies alles »typisch christlich« sein soll.

Das Besondere an Christen ist doch, dass sie es mit Christus zu tun haben, nicht aber in erster Linie mit einem Kodex von Geboten und Verboten. Nach wie vor ist doch dies das Entscheidende am Christsein, dass Menschen mit Christus auf das Engste verbunden sind. Doch dieses Eigentliche am Christentum scheint heute so unbekannt, ja so fremdartig geworden zu sein, dass es als oft mystische Spinnerei angesehen wird.

Stattdessen ist weltweit allüberall die gleiche Melodie zu hören: »Wer wirklich echt Christ sein will, der tut Gutes, der hilft den Armen, der schlägt nicht über die Stränge. Kurz: Der lebt und handelt vorbildlich und hilfreich!« Bei den einen wird auf diese Grundmelodie gesungen: »Wir wollen den Weg der Gerechtigkeit gehen.« Und sie meinen damit ein verantwortliches politisches Eintreten für Frieden und Gerechtigkeit in aller Welt und für die

Bewahrung der Schöpfung. Andere stimmen das Lied an: »Wir woll'n uns gerne wagen, in unsern Tagen der Ruhe abzusagen, die 's Tun vergisst; wir woll'n nach Arbeit fragen, wo welche ist ...!« Und sie meinen mit diesen Worten von Zinzendorf andere Dinge als Seelsorge, Diakonie, Weltmission, Bibelverbreitung, Opfer und Hingabe. Wieder andere benutzten in der Vergangenheit gerne das biblische Stichwort »Heiligung«. Sie meinten damit so etwas wie christliche Vollkommenheit, also Enthaltsamkeit, eheliche Treue, Wahrhaftigkeit, Verlässlichkeit, Ehrlichkeit in finanziellen Dingen, Zucht in jeder Beziehung. Andere sagten, mehr in preußisch-militärischer Diktion: »Ein Christ ist immer im Dienst!« Letztlich meinten sie jedoch alle dasselbe, nämlich dass die Hauptsache im Christsein im richtigen Tun besteht, im hilfreichen Handeln, im glaubwürdigen Einsatz für das Gute und Gerechte. Kurz: im Gehorsam gegen ihren Gott!

Der Glaube – nein, der ist keinesfalls nebensächlich für all die Mitchristen, die so denken! Keineswegs! Der Glaube ist natürlich nötig! Schließlich ist er wie die frische Brise, welche die Rotoren der Windmühle treibt. Der Glaube ist wie der Funke des Magnetzünders, der den Motor überhaupt erst anwirft. Der Glaube, der ist wie die auf Grün springende Ampel, die das Losfahren freigibt. Ohne Bild und ohne Gleichnis, dafür etwas umständlicher und neudeutsch heißt das dann: Erst eine religiöse Motivation entbindet soziales Engagement! Einfacher ausgedrückt – so ist es auf manchen Postkarten zu lesen, zudem aufgewertet und geadelt als Zitat von Dietrich Bonhoeffer: »Nur der Glaubende ist gehorsam und nur der Gehorsame glaubt« (Dietrich Bonhoeffer, »Nachfolge«, S. 19)!

Das hört sich gut an. Es passt auch so gut zusammen mit dem anderen Stichwort Bonhoeffers, dass Gottes gnädiges Zuwenden nicht als »billige Gnade« verhökert werden darf. Es braucht (und in unseren moralisch etwas durcheinander geratenen Zeiten ist diese Überzeugung nahe liegend) wieder einen kühnen Aufruf zu echter »Nachfolge« und zu verantwortlich gestaltetem Leben. Sollte denn daran irgendetwas falsch sein? Ist es denn nicht »dran«, heute wieder einmal ganz stark an den »*Gehorsam* des Glaubens« zu erinnern?

Einspruch!

Wenn ich den Apostel Paulus wirklich ernst nehmen will, dann habe ich mehr als nur Bauchweh, dies alles wieder und wieder hören zu müssen. Ich meine, Paulus müsste endlich wieder einmal – wie schon in der Reformationszeit – von Christen neu entdeckt werden. Paulus hat den schon damals zu seinen Zeiten weit verbreiteten religiösen Missverständnissen ein klares »Nein!« entgegen gesetzt: »Nein, so doch nicht!«

Paulus hat als Apostel des Christus Jesus für die ganze Christenheit den *Glauben* überaus wichtig gemacht. Dabei hat er doch keineswegs einen Glauben gemeint, der gerade noch so etwas wie eine Initialzündung für richtiges Handeln ist! Oder so etwas wie eine Trägerrakete, die wegfallen kann, wenn der Christ seine vorgesehene Umlaufbahn erreicht hat. Er meinte nicht einen Glauben, der zur Einhaltung der Zehn Gebote befähigt oder der zum Befolgen mosaischer Moralbestimmungen hilft.

Vielmehr ging es Paulus darum, dass Menschen dem lebendigen Christus Jesus angehören – im Leben und im Sterben und bis in die Ewigkeit Gottes hinein. Dieses totale, dieses umfassende Angehören und Angehören-Wollen verstand Paulus als »Glaube«. Dazu hatte doch Gott Jesus in sein ganzes schweres Heilswerk hineingeschickt, dazu hat er seinen Sohn Jesus dieses Heilswerk vollenden und so in Kraft setzen lassen, dass Paulus bekennen konnte: »Ich lebe, doch nun nicht ich, sondern Christus lebt in mir. Denn was ich jetzt lebe im Fleisch, das lebe ich im *Glauben* an den Sohn Gottes, der mich geliebt hat und sich selbst für mich dahingegeben. Ich werfe nicht weg die Gnade Gottes« (Galater 2,20f)!

Auch Martin Luther ging es darum, dass es bei einem solch umfassenden Verständnis des Glaubens bleibt. Das ganze Heilshandeln Gottes in Jesus zielt beim einzelnen Christen darauf, »dass ich sein Eigen sei, und in seinem Reich unter ihm lebe ...« (Martin Luther im Kleinen Katechismus)!

Martin Luther wusste auch um die riesengroße Gefahr, dass »aus Christus ein Mose« gemacht wird, »aus dem Evangelium ein Gesetz oder Lehrbuch« (Vorrede auf das Neue Testament, 1545). Er konnte mahnen: »Das Evangelium ist nicht ein Gesetzbuch, sondern eigentlich eine Predigt von den Wohltaten Christi« (Vorrede). Und: »Gesetz ist, was wir tun sollen, Evangelium, was Gott geben will. Aber schau, wie die Menschen sind. Das erste, das sie nicht können, wollen sie tun. Und das zweite, was sie im Glauben annehmen sollten, wollen sie nicht glauben« (Tischreden, Weimarer Ausgabe II, 327).

Bei meinen Studien über den württembergischen Erweckungsprediger Ludwig Hofacker bin ich auf einen Disput gestoßen, den er freundlich und nobel, aber in der Sache klar sogar mit seinen geliebten, engen Freunden Dr. Christian Gottlob Barth, dem Missionspionier und damaligen Pfarrer von Möttlingen, und dem Münklinger Pfarrer Andreas Osiander durchgestanden hat. Sie hatten ein »System der Wahrheit« publiziert. In diesem »System«, von frommen Männern entwickelt, ging es vor allem darum, dass die Heilungskräfte des Heilandes Jesus in die glaubenden Menschen so hineinströmen, dass es schließlich zum ganz geheiligten und geheilten Menschen kommt. Der Glaube sei nötig, davon waren sie ohne Zweifel überzeugt. Er sei wichtig zum Ergreifen der Vergebung. Aus ihm aber erwachse es, dass Menschen mit Christus lebendig werden.

Dagegen setzte Hofacker, damals schon ein Schwerkranker: »Was der Glaube in solch einem System sei, weiß ich nimmer!« Allein dort werde Gott die ihm zustehende Ehre gegeben, wo sündige Menschen bis in die Ewigkeit den Retter Jesus brauchen, an den sie sich glaubend anhängen. Nur dort, so argumentierte Hofacker, könne es auch wirklich Gewissheit des Heils geben. Alle Gewissheit sei dort ausgeschlossen, wo Glaubende auch noch an einem jesusgemäßen Leben abzulesen versuchten, ob sie denn auch wirklich zu Jesus gehören. Für Hofacker bestand »Glauben« darin, sich ständig dem Retter Jesus anzuvertrauen, der »seine Heilandsarme gegen mich ausstreckt« und dem die Glaubenden zutrauen, dass er bis in alle Ewigkeiten durchhält, sie bei sich festzuhalten. Bei Hofacker heißt es: »Warum trauen wir uns so viel zu, und dem Heiland so wenig? Auf uns wollen wir so viel wagen, auf den Heiland nichts! Ist das nicht jämmerlich? Steht das etwa in der Bibel? Nein! Aber es steht darin, dass ‚Gott vorhält den Glauben an Jesus jedermann‘ (im heutigen Luther-Text: ‚Gott hat jedermann den Glauben angeboten‘, Apostelgeschichte 17,31), er heiße A. oder B.«.

Zwei Dinge kann man festhalten:

(1) Zu allen Zeiten musste und muss gerungen werden um das rechte Verstehen dessen, was die Bibel mit »Glauben« meint. Selbst bei ernsthaften Christen kann das, was »Glaube« eigentlich ist, deformiert werden. Der Glaube kann entstellt werden zur bloßen »engen Pforte«, die hineinführt in ein von Christus geprägtes Leben. Jesus hatte es anders gedacht! Mit seinem »Glaubt an Gott und glaubt an mich« (Johannes 14,1) hatte Jesus doch zugleich eingeladen: »Bleibt in mir und ich in euch« (Johannes 15,4). Es ist doch ein furchtbar zurückgestutztes und eingeschränktes Verständnis von »Glaube«, wenn dieser nicht das ganze Sein in Christus umschreibt. Glaube ist doch nicht nur der Einstieg dazu. Solches wäre zwar kein »billiger Glaube«, aber doch ein »degradierter Glaube«. Zudem ist ein solches Verständnis von Glauben anfällig dafür, dass viel zu sehr darauf geachtet wird, was wir Menschen für das Zustandekommen eines solchen Glaubens tun können und auch sollen. Dabei soll doch der Blick darauf gelenkt werden, was denn Jesus für die Glaubenden an Entscheidendem schon getan hat und was er bis in die Ewigkeiten hinein zu tun bereit ist.

(2) Zum anderen hat Hofacker auf eines der zentral wichtigen Bibelworte verwiesen, nämlich auf das Wort des Apostels Paulus, mit dem er seine Rede auf dem Areopag von Athen geschlossen hat: »Gott hat jedermann den Glauben angeboten.« Gott hat den gekreuzigten Jesus in seinem Blut »für den Glauben hingestellt« (vgl. Römer 3,25); darum ist es »Sünde«, wenn Menschen nicht an Jesus glauben. So hart hatte Jesus selbst geurteilt (Johannes 16,9).

Nur wer glaubt, ist Gott gehorsam

Paulus benutzte in dieser Sache ein anderes Vokabular. Er bezeichnete es als »Gehorsam« gegen Gott und als »Gehorsam« gegen das Evangelium, wenn Menschen an diesen Jesus glauben (Römer 10,16). Seinen eigentlichen Auftrag als Apostel charakterisierte er so: »Im Namen des auferstandenen Sohnes Gottes richte ich den Gehorsam des Glaubens unter allen Heiden auf« (vgl. Römer 1,5; 16,26; vgl. 15,18). Dabei ging es Paulus doch nie und nimmer um einen Gehorsam gegenüber streng einzuhaltenden göttlichen Verhaltensrichtlinien. Er wollte doch keine fanatischen Pharisäer züchten, wie er einst selbst einer gewesen war. Das hatte er hinter sich. Von diesem Irrweg hatte ihn doch der auferstandene Jesus weggeholt. Vielmehr wollte Paulus Menschen hineinhelfen in die Gewissheit: Ihr gehört so total und so eng und so verlässlich diesem Christus, so wie Christus Gott, seinem Vater, gehört (vgl. 1. Korinther 3,23)! Natürlich war Paulus auch klar, dass Jesus-Leute dann nicht mehr »wie die Heiden« in den Tag hineinleben und »sündigen Leidenschaften verfallen« sein können. Aber das Entscheidende war der Glaube, dass sie dem Jesus »angehören«, den Gott von den Toten herausgeholt hatte (vgl. Römer 7,4-5).

Wer sich dem entzieht, Jesus anzugehören, der ist ungehorsam. Denn es ist kein Ersatz für die angebotene Gemeinschaft mit Jesus, wenn versucht wird, stattdessen so gut es eben geht, »christlich« zu leben. Gott wird nicht gehorcht, wo Menschen versuchen, Gott mit einem moralischen Leben abzuspeisen. Denn Gott will, dass Menschen so im »Glauben« leben, dass gilt: »Ich lebe, doch nun nicht ich, sondern Christus lebt in mir!«

Es sollte unbedingt in der Christenheit endlich wieder begriffen werden, was Paulus mit der kühnen Formulierung »Gehorsam des Glaubens« sagen wollte. In ihr schwingt doch so viel Erleichterung mit! So viel Staunen des ehemaligen Pharisäers, dem Christus dafür die Augen geöffnet hatte: »In all dem, worin ihr durch das Gesetz des Mose nicht gerecht werden konntet, ist der gerecht gemacht, der an Jesus glaubt« (Apostelgeschichte 13,38f). So hatte Paulus in einer seiner ersten Missionspredigten zum Glauben an Jesus eingeladen. Denn mit Jesus war doch offenbar derjenige gekommen, den Mose prophetisch angekündigt hatte: »Einen Propheten wie mich wird dir der Herr, dein Gott, erwecken aus dir und aus deinen Brüdern; dem sollt ihr *gehorchen*« (5. Mose 18,15). Nun war das »Gesetz des Mose« abgelöst worden, um Platz zu schaffen für ein anderes »Gehorchen«, für einen neuen Gehorsam, nämlich für den Gehorsam des Glaubens an Jesus.

Das umwälzend Neue

Anschaulich und voller Hochachtung konnte der Apostel Paulus den vorbildlichen »Glauben« des Stammvaters Abraham schildern (vgl. Römer 4,3.9.16-23): Abraham hat Gott vertraut. Er hat auf Hoffnung geglaubt, wo nichts zu hoffen war. Er wusste absolut gewiss: Was Gott verheißt, das kann er auch tun! Trotzdem konnte Paulus den Gemeinden in Galatien in geradezu kühner Formulierung klar machen: Erst mit Jesus und mit seinem Evangelium kam wirklich »der Glaube in die Welt« (vgl. Galater 4,23.25). Der Glaube des Abraham kann wie ein erster Strahl einer erst später aufgehenden Sonne angesehen werden.

Bevor der »Glaube in die Welt kam«, galt die Ordnung Gottes: »Der Mensch, der das tut (nämlich das, was Gott in seinem Gesetz geboten und verboten hat), wird dadurch leben« (Römer 10,5). Auch Jesus hatte sagen können: »Tu das, so wirst du leben« (Lukas 10,28). So hatte Jesus dem Schriftgelehrten geantwortet, der so gerne das »ewige Leben ererben« wollte. Aus dem Mund von Jesus war das eine merkwürdige Aufforderung. »Tu's doch!« Tu doch das, was du als den Kern des »Gesetzes« erkannt hast: Liebe doch von ganzem Herzen Gott und deinen Nächsten ebenso, wie du dich selbst gern hast! Ich höre bei diesem »Tu's doch!« den Unterton mitschwingen: »Probier's doch einmal! Kannst du's denn wirklich tun?« Es war doch nahe liegend, dass die Jünger bestürzt fragten: »Wer kann denn dann selig werden?« (vgl. Lukas 18,26). Wenn es auf das pannenlose Tun und Einhalten dieser Grundordnungen wirklich ankommt, dann bleibt doch das »ewige Leben« jenseits aller menschlichen Möglichkeiten. Es braucht dann wirklich eine »bessere Gerechtigkeit als die der Schriftgelehrten und Pharisäer«. Von solcher »besserer Gerechtigkeit« hatte ja der Bergprediger Jesus gesprochen. Ohne sie war und blieb ein Hineinkommen in das Himmelreich vollkommen ausgeschlossen (vgl. Matthäus 5,20).

Mit Jesus ist dieses umwälzend Neue in die Welt gekommen: »Christus ist des Gesetzes Ende; wer an den glaubt, der ist gerecht« (Römer 10,4). Wer in seinem Herzen glaubt, dass Gott diesen Jesus von den Toten erweckt hat, und wer mit seinem Mund diesen Jesus als seinen Herrn bekennt, der hat den rettenden Glauben. Der ist gerecht. Der wird gerettet. Der wird nicht zuschanden. Der ist mit seinem Glauben dem Evangelium gehorsam. (Zum Ganzen siehe Römer 10,8-13.16-17.)

Das ist nicht bloß »paulinische Theologie«, wie so oft abwertend behauptet wird! Paulus hat Jesus doch nur beim Wort genommen. Er hatte gesagt, dass Gott »Recht schaffen« (Lukas 18,8) und »gerecht machen« (Lukas 18,14) kann. »Gott macht gerecht« (vgl. Römer 4,5; 8,33), das hatte Paulus am eigenen Leib erfahren (vgl. auch 1. Timotheus 2,12ff).

Paulus hat Jesus wie kein anderer im Entscheidenden verstanden. Er hat das umwälzend Neue begriffen, das Jesus in die Welt gebracht hat. Er hat aufgenommen und publik gemacht, dass »alle«, die an Jesus »glauben, nicht verloren werden, sondern das ewige Leben haben« (vgl. Johannes 3,16). Paulus hat aufgenommen und publik gemacht, dass »wer da lebt und an Christus glaubt, nimmermehr sterben«, sondern mit Jesus leben wird (vgl. Johannes 11,26 mit Römer 14,8). Paulus hat auch den zentralen Vergleich aufgenommen, den Jesus für den Glauben geprägt hatte, nämlich dass Menschen eingeladen sind, »in ihm«, also in Christus, zu sein und zu bleiben. Paulus hat diesen Vergleich auf seine Art variiert. Er wollte doch so anschaulich wie überhaupt nur möglich machen: Das Neue, nämlich der »Glaube«, ist nicht bloß eine Kopfsache. Der Glaube ist auch weit mehr als eine mystisch-symbolische

Vorstellung. Vielmehr ist er eine Wirklichkeit, die ein ganzes Leben grundlegend verändert.

Es war Gottes heilige Entscheidung, dass nichts, aber auch gar nichts uns von seiner Liebe trennen können soll, die nun einmal »in Christus Jesus« komprimiert ist (vgl. Römer 8,39). Für Paulus wäre es vermessene Überheblichkeit gewesen, wenn Menschen zögerlich-abwartend diesen heiligen Willen Gottes gering geachtet hätten. Dieser Wille Gottes war doch noch viel verbindlicher, viel herausfordernder, noch viel verlässlicher als der im Gesetz des Mose niedergelegte Gotteswille. Wenn es also je darum gehen sollte, dass Menschen Gott »gehorsam« werden, dann doch da, wo es um den »Gehorsam des Glaubens« an Jesus geht. Was Gott will und sagt, das ist zu tun!

Der Jugendevangelist Johannes Busch war beim Rückzug der deutschen Truppen aus Pommern in Kolberg eingeschlossen. Während des russischen Trommelfeuers suchte er Schutz in einem Luftschutzkeller, der voll war von verängstigten Zivilisten. Weil Hitler Kolberg zur »Festung« erklärt und jede Flucht verboten hatte, waren sie in ihrer Stadt geblieben. Plötzlich kam die Aufforderung: »Alle Zivilisten zum Hafen!« Doch niemand von ihnen wollte gehen. Sie fühlten sich unter Tage sicherer. Nur eine Dame erhob sich, eine Offizierswitwe. Sie fragte nur: »Ist es Befehl?« – »Jawoll!« – Da ging sie. Für sie wurde es ein Weg ins Leben. Heraus aus dem Verlies, hinein in die Freiheit.

Der Wille Gottes ist noch mehr Befehl als der Räumungsbefehl von Kolberg. Es ist gut, ihm Gehorsam zu leisten. Paulus konnte ja von sich selbst sagen: »Ich war der himmlischen Erscheinung nicht ungehorsam« (Apostelgeschichte 26,19). Schließlich hatte Jesus unmissverständlich klar gemacht, worauf Gottes Wollen zielt: »Das ist der Wille meines Vaters, dass, wer den Sohn sieht und glaubt an ihn, das ewige Leben habe« (Johannes 6,40). Nichts anderes war es, was Paulus als Apostel des Christus Jesus beabsichtigte, als er den »Gehorsam des Glaubens« aufrichtete. Das war es auch, was der Apostel Johannes ebenso wichtig machte, als er schrieb: »Das ist

Gottes Gebot, dass wir glauben an den Namen seines Sohnes Jesus Christus«; das ist die Liebe zu Gott, dass wir seine Gebote halten; und seine Gebote sind nicht schwer« (1. Johannes 3,23; 5,3). Wer wirklich »Täter des Wortes, und nicht Hörer allein« (vgl. Jakobus 1,22) sein möchte, sollte nicht anfangen, die Ärmel aufzukrempeln und zu rotieren. Vielmehr sollte er sich zuerst einmal dieses »Wort« so zu Eigen machen, dass es in ihm Wurzel schlägt.

Der entscheidende »Gehorsam des Glaubens«

Es ist keiner langen Rede wert, dass »in Christus« nur *der* »Glaube gilt«, der »durch die Liebe tätig« ist (vgl. Galater 5,6). Wer Christus »angehört« (vgl. Galater 3,29), der ist so von Christus geführt und durchdrungen, dass er – »erlöst vom Gesetz« (vgl. Galater 4,5) – »das Gesetz des Christus erfüllt« (vgl. Galater 6,2). Das Hauptmerkmal dieses »Gesetzes« ist es, nicht selbst groß herauskommen zu wollen, sondern »des anderen Last« zu tragen (vgl. Galater 6,2 mit Matthäus 8,17 und Römer 15,1-3). Eine »billig« verstandene und in Anspruch genommene Gnade kann sich weder auf Gott, noch auf Jesus, noch erst recht auf seinen Apostel Paulus berufen. Wenn Gottes Barmherzigkeit Menschen ergriffen hat, dann will sie auch dem Leben dieser Menschen den Stempel aufdrücken.

Womit Christen sich dann bewähren, wenn sie den »Gehorsam des Glaubens« wirklich beherzigen, das ist bei Paulus wieder und wieder nachzulesen. Etwa in dem heilig entschlossenen Bekenntnis: »Ich möchte Christus gewinnen und in ihm erfunden werden, dass ich nicht habe meine Gerechtigkeit, die aus dem Gesetz kommt, sondern die durch den Glauben an Christus kommt, nämlich die Gerechtigkeit, die von Gott dem Glauben zugerechnet wird« (Philipper 3,8-9)!

»Glaubende Gehorsame« kämpfen also bewusst und entschlossen – wie Paulus – gegen die »eigene Gerechtigkeit«. Sie halten nicht *mehr* von sich, »als sich's gebührt zu halten« (Römer 12,3). Sie müssen keine Pluspunkte für die Anwartschaft zum ewigen Leben mehr sammeln. Sie möchten das auch keinen Augenblick lang wieder insgeheim versuchen.

»Glaubende Gehorsame« werden nicht stolz auf das geleistete Gute, sondern werden überströmend dankbar dafür, dass Gottes Gnade an ihnen »nicht vergeblich« war (vgl. 1. Korinther 15,10; Epheser 2,8-10; 1. Timotheus 2,12-17).

»Glaubende Gehorsame« bleiben nüchtern. Sie rechnen demütig damit, dass sie nach wie vor erlösungsbedürftig und damit auf das Geborgensein bei Jesus angewiesen bleiben. Nur Jesus kann sie »erlösen« von dem, dass sie das Gute wollen, aber dennoch das Böse tun (vgl. Römer 7,18-25).

»Glaubende Gehorsame« müssen nach wie vor darum ringen, »stark zu sein im Herrn« (vgl. Epheser 6,10ff) und also die eigenen »Glieder Gott als Waffen der Gerechtigkeit« hinzugeben (vgl. Römer 6,13; 12,1ff).

»Glaubende Gehorsame« können sich aus dem biblischen Wort auf besondere Gefahrenstellen hinweisen lassen, bei denen sie nur zu leicht aus dem Einflussbereich des Christus herausgedrängt werden. Die Ermahnungen der neutestamentlichen Briefe sind keine umfassenden Kataloge von möglichem Fehlverhalten. Sie sind vielmehr aus seelsorgerlicher Erfahrung heraus gewachsene Hinweise auf typische Gefahrenstellen des Christenlebens. Noch wichtiger ist es für Christen, sich selbst zu erforschen und dabei zu prüfen, ob denn wirklich Jesus Christus in ihnen wirkt (vgl. 2. Korinther 13,5). Denn sie sollen ja nicht nur irgendwelchen frommen Anstandsregeln genügen, sondern sollen als Leute, die »den Herrn Jesus lieb haben« (vgl. 1. Korinther 16,22), »*glaubend* gehorsam« sein. Solcher »Gehorsam« ist allerdings wirklich »des Christen Schmuck«!

Ich will keine Wetterfahne sein! Mich sollen nicht die vielen menschlichen Mahnungen bestimmen, was denn ein »richtiger Christ« zu tun und zu lassen habe. Hingegen will ich Gott darin immer gehorsamer werden, dass ich noch viel mehr danach verlange, mit Christus ganz verbunden zu werden.

12 Jesus richtig gehören

Verleugne dich selbst!

Einst sagte Jesus – aber es gilt doch wohl bis heute: »Will mir jemand nachfolgen, der verleugne sich selbst« (Matthäus 16,24). Dieser Satz ist für viele ärgerlich. Nämlich zunächst einmal für die, die die Erblast ihrer Vergangenheit tragen. Also all das, von dem sie meinen: »Das, was mich in meiner Persönlichkeit niederdrückt und einschränkt, habe ich von meinen Voreltern mitbekommen!« Mehr als genug müssen sie sich mit der Verzweiflung herumschlagen: »Wer bin ich denn? Ich bin doch ein Nichts! Ich kann nichts! Was ich auch anpacke, stört und ärgert andere! Wozu existiere ich denn eigentlich?«

Ärgerlich ist das Jesuswort aber auch für solche, die endlich sich selbst verwirklichen wollen. Auch für sie ist es wie ein Peitschenhieb, wenn sie nun auch von Jesus hören: »Verleugne dich selbst!« Aber als Peitschenhieb war es von Jesus ja wohl nicht gemeint!

Ja zu Jesus, nein zum Ich

»Ja zu Jesus, nein zum Ich«. Dieses Thema sollte ich im Herbst 1964 im Esslinger CVJM behandeln. Erst später begriff ich: Es sollte eine Art von »Abhören« sein; denn man hatte erwogen, mich zum Leiter des Evangelischen Jungmännerwerks Württemberg zu berufen. Am liebsten hätte ich damals die Einladung abgelehnt. Denn ich empfand diese Parole als Zumutung für junge Leute. Je mehr ich mich allerdings mit der Herausforderung beschäftigte, desto mehr war ich betroffen. Ich merkte, wie sich mein eigenes Ich wehrte – nicht gegen das Thema, nicht gegen die unerklärliche Einladung des Ulmer Münsterpfarrers in den renommierten Esslinger CVJM, sondern gegen das klare Wort von Jesus.

Aber am Anliegen von Jesus kann nicht gerüttelt werden. Es wird gestützt durch die andere Aussage: »Wenn jemand zu mir kommt und hasst nicht ... sich selbst, der kann nicht mein Jünger sein« (Lukas 14,26). Dieses Anliegen wird auch unterstrichen durch das immer wiederkehrende »Wer sich selbst erhöht, der soll erniedrigt werden; und wer sich selbst erniedrigt, der soll erhöht werden« (Matthäus 18,4; 23,12; Lukas 14,11; 18,14).

Das war es also, was Jesus mit dem »Sicht-selbst-Verleugnen« meinte: sich bewusst abzusetzen und zu distanzieren von allem, was mit dem Selbst zu tun hat, was das Selbst empfiehlt, und was dem Selbst nützen könnte. Sich selbst zu verleugnen meint wirklich »Selbst-Losigkeit«, »Selbst-Aufgabe«, »Selbst-Preisgabe«, aber nicht etwa im Sinne von »Selbst-Zerstörung«. Es soll vielmehr zu rechter »Nachfolge« kommen, zu einem hundertprozentigen »Mit-Jesus-Gehen« und »Bei-Jesus-Sein«. Das war es, was mir damals aufging.

So haben ja auch die Apostel ihren Meister Jesus verstanden: Es geht um die ganze Gemeinschaft mit Jesus! Deshalb konnte Paulus sagen: »Darum ist Jesus für alle gestorben, damit, die da leben, hinfort nicht sich selbst leben, sondern dem, der für sie gestorben und auferstanden ist« (2. Korinther 5,15). Und: »Keiner von uns lebt sich selber und keiner stirbt sich selber. Leben wir, so leben wir dem Herrn; sterben wir, so sterben wir dem Herrn. Darum: wir leben oder sterben, so gehören wir dem Herrn« (Römer 14,8f). Ich habe plötzlich geahnt, warum der Apostel Paulus so engagiert bekannt hat: »Ich lebe! Ach was! *Nicht ich*, sondern Christus lebt in mir« (vgl. Galater 2,20)! Nicht ich! Nicht ich!

Das »Selbst« – eine heilige Kuh?

Diese neue Erkenntnis ist dann in manche der Bibelarbeiten eingeflossen, die ich seitdem halten durfte, auch in manches seelsorgerliche Gespräch. Ich wollte im Sinne Jesu helfen, wenn ich gemahnt habe: »Streichelt doch nicht so arg euer Selbst! Passt doch auf bei euren Selbstbespiegelungen, eurem Selbstmitleid! Gestattet doch eurem Selbst nicht so viel Einfluss auf eure Entscheidungen! Hinter dem Selbsterhaltungstrieb und hinter mancher Tendenz zur Selbstverwirklichung kann auch viel Selbstvergötzung und Selbstsucht stecken. Daran kann doch Gott wahrhaftig keine Freude haben!«

Hui! – Da gingen die Emotionen hoch nach solchen Worten! Was ich gesagt habe, war schlimmer, als wenn man einem Gewerkschaftler eine »Nullrunde« schmackhaft machen und einem Industrieboss einen Verzicht auf ein Jahresgehalt nahe legen will. Zu meinem Erstaunen musste ich lernen: Man kann unter Christenmenschen Abscheu wecken vor Geiz und vor ehelicher Untreue, vor Betrug, Lüge und Perversitäten. Aber unser Selbst ist offenbar eine »heilige Kuh«. Der darf man nicht zu nahe treten!

Wenn es um unser Selbst geht, dann können wir nicht mehr klar denken. Es ist, als wenn wir mit einem schweren Gummihammer einige Schläge auf den Hinterkopf bekommen hätten. In unserer hyper-psychologisierten Ära wurde uns die Überzeugung eingehämmert: »Das Christentum hat das gesunde Selbstbewusstsein madig gemacht. Es hat das Selbstvertrauen erschüttert und das natürliche Selbstwertgefühl zerstört. Es hat – etwa mit der Buße – selbstquälerische Machenschaften eingeführt. Es hat jede Selbstsicherheit mit einem übertriebenen Sündenbewusstsein torpediert. Das hat schließlich zu so viel masochistischer Selbsterniedrigung geführt, ja, zu Selbsthass, Selbstzerstörung, Selbstverachtung.« Aber stimmt denn das?

Immer wieder wurde mir auch vorgehalten – als wenn es ein gesichertes Dogma wäre: »Schließlich hat doch Jesus hoch von unserem Selbst gedacht. Er hat doch gesagt, wir sollen unseren Nächsten lieben wie uns selbst! Also ist doch Jesus davon ausgegangen, dass wir uns selbst bejahen, ja, dass wir uns selbst lieben sollen!« Doch von solchem »Sollen« findet sich bei Jesus nicht die geringste Spur. Vielmehr hat der Seelsorger Jesus gewusst, dass im Herz der Menschen eine ganz gehörige Portion von Eigenliebe wohnt.

Diese Eigenliebe, darum ging es doch Jesus, sollten die Menschen umadressieren, von sich selbst weg und hin zum Nächsten. »Alles nun, was ihr wollt, dass euch die Leute tun sollen, das tut ihr ihnen« (Matthäus 7,12)! Das war es, was Jesus gemeint hat. Das um sich selbst besorgte Wissen um das, was gut tut und was erstrebenswert ist, sollen Menschen nicht in erster Linie im Blick auf sich selbst aktivieren, sondern im Blick auf den Nächsten. Anstelle von Selbstliebe soll Nächstenliebe praktiziert werden.

Unsere Gedanken sollen sich nicht in falsche Richtungen verirren! Jesus geht es doch nie und nimmer darum, Menschen das Rückgrat zu brechen! Vielmehr sollen sie doch eine ganz neue Lebensqualität geschenkt bekommen! Sie sollen im Leben und sogar im Sterben ihm gehören!

In den Augen von Jesus ist unser Selbst nicht erst dann gefährlich, wenn es gefangen gehalten wird durch Stolz, Gier, Neid, Hass, Angst und was der Mächte mehr sind! Nein! Elementar gefährdet war zum Beispiel auch der Pharisäer, von dem Jesus im Gleichnis erzählte. Er stand im Tempel »für sich«, trug betend Gott seine Verdienste vor (vgl. Lukas 18,9ff).

Jesus aber möchte, dass es bei denen, die zu ihm gehören, anders ist. Sie sollen immer Jesus und den bedürftigen Nächsten im Blick haben. Es muss darum den Heiland Jesus bekümmern, dass normalerweise sogar den Christenmenschen ihr Selbst so arg wichtig ist: dass sie sich sehen lassen können, dass sie etwas Vernünftiges leisten, dass sie auch genug Freude haben können, dass sie ihr Tages- und Jahrespensum vorbildlich hinkriegen, dass sie sich »okay« fühlen können. Sorgt man sich aber um das alles, dann werden die Gebete kurzatmig, das Hören auf Gottes Wort wird vordergründig. Das Aufatmen über einen günstigen Bescheid des Arztes wird dann meist länger und intensiver sein als über den Zuspruch des Christus Jesus: »Dir sind deine Sünden vergeben!«

Es ist doch, auch wenn das Leben bedroht ist, eine Wohltat, sich von Jesus sagen zu lassen: »Jetzt lass dich doch von deinem Selbst nicht in eine panische Angst hineinjagen! Verbiete doch deinem Selbst, so zu tun, als gäbe es mich nicht, wo ich doch die Auferstehung und das Leben bin. Wer an mich glaubt, der wird leben, auch wenn er stirbt. Und wer da lebt und an mich glaubt, der kann gar nicht mehr richtig sterben. Denn er gehört nicht bloß sich selbst, sondern er gehört mir!«

»Wie es der Gemeinschaft in Christus Jesus entspricht«

Die Bibel will durch die Bibel erläutert sein! Wer auf die Apostel des Gottessohnes Jesus hört, leiht sein Ohr damit auch dem, was Jesus selbst wollte. »Wer euch hört, der hört mich«, so hatte Jesus gesagt (Lukas 10,16).

Beim großen Apostel Paulus gibt es grundlegende Verständnishilfen dafür, wie das Jesuswort verstanden werden muss: »Wer mir nachfolgen will, der verleugne sich selbst.« Unüberhörbar legt er Wert auf eine »Erneuerung des Sinnes«, die sich in erster Linie darin auswirkt, »dass niemand mehr von sich hält, als sich's gebührt zu halten« (so Römer 12,1-3). In Römer 12,16 heißt es: »Haltet euch nicht selbst für klug!«, in 1. Korinther 3,18: »Niemand betrüge sich selbst; wer da meint, weise zu sein, werde ein Narr.« In 2. Korinther 10,12 ist zu lesen: »Weil sie sich nur an sich selbst messen und mit sich selbst vergleichen, verstehen sie nichts.« In 2. Korinther 10,18 wird entlarvend gesagt: »Denn nicht der ist tüchtig, der sich selbst empfiehlt, sondern der, den der Herr empfiehlt.« In Galater 6,3 wird gemahnt: »Wenn jemand meint, er sei etwas, obwohl er doch nichts ist, der betrügt sich selbst!« Charakteristisch für die kommenden »schlimmen Zeiten« der »letzten Tage« werden Menschen sein, »die viel von sich halten« (2. Timotheus 3,2).

Dagegen stellt der Apostel Paulus das Vorbild des sich selbst erniedrigenden Jesus. Christusleute sollen so »gesinnt« sein, »wie es der Gemeinschaft mit Christus Jesus entspricht« (Philipper 2,5). Es geht also um das hohe Gut echter »Gemeinschaft mit Jesus«!

Der Gemeinschaft mit ihm »entspricht« es, nicht »an sich selbst Gefallen« zu haben (vgl. Römer 15,1-5). Wie aktuell ist heute, auch unter konservativen Christen, unter Pietisten und Evangelikalen, dieses »an sich selbst Gefallen haben«.

Professor Hans-Joachim Iwand (1899-1960), der große Lehrer der Bekennenden Kirche, konnte in Bonner Kollegstunden geradezu emphatisch ausrufen: »In Gottes Ohren ist es schrecklich, wenn Christen so arg ihr Selbst rühmend in den Mittelpunkt stellen!« Denn wer zur Gemeinschaft mit Jesus berufen ist, soll nicht so an sich Gefallen haben, dass er seine persönliche Nachfolge zum Nonplusultra hochstilisiert. Zur Christusgemeinschaft Berufene sollen doch »nicht sich selbst leben« (vgl. Römer 14,7; 2. Korinther 5,15). Vielmehr sollen sie »durch den Glauben leben« (Habakuk 2,4), also durch die unauflösliche Verbundenheit mit Jesus.

Damit ist jedoch nicht gemeint, dass Menschen grundsätzlich und überall ihrer Erfahrung und ihrem Instinkt misstrauen sollen. Jesus verlangt von den Seinen nicht, dass sie als Frauen das schlimmste Ekelpaket heiraten und dass junge Männer sich die hässlichsten Bräute aussuchen sollen. Christen dürfen auf den Beruf und auf die Arbeitsstelle zugehen, die ihnen »von innen heraus« zusagen. Sie müssen sich nicht für Tapeten, Teppiche oder Kleiderfarben entscheiden, die für ihre Augen eine tägliche Beleidigung darstellen. Was unser »Selbst« signalisiert, ist keineswegs immer verfehlt. Jesus will niemanden von seinen Leuten zu der Lebenseinstellung erziehen: »Mach bloß immer genau das Gegenteil von dem, was du eigentlich magst!«

Aber wer Jesus nachfolgen will, für den gibt es auch weite Bereiche, in denen er der Stimme seines »Ego« misstrauen soll – vor allem dann, wenn das Nachfolgen einen Preis kosten soll, der wehtut. Als etwa Paulus durch Gottes Gnade zum Heidenmissionar berufen war, da »besprach er sich nicht erst mit Fleisch und Blut« (Galater 1,16f). Denn zweifellos hätte ihm sein Selbst zugeraunt: »Mach doch keine dummen Sachen! Bisher hast du mit gewichtigen theologischen Gründen vertreten, dass es keine großen Hoffnungen für die Heiden gibt. Jetzt lass dich doch nicht von Augenblickseindrücken auf eine völlig falsche Bahn leiten!« Paulus diskutierte das Problem auch nicht mit den Aposteln von Jerusalem, denn die hätten ihm sicher zu Zurückhaltung geraten.

Wo Jesus befiehlt, da haben Fleisch und Blut zu gehorchen. Da ist das Selbst kein sachverständiger Ratgeber mehr, schon gar nicht mehr ein Befehlsgeber. In solchen Augenblicken – und sie sind häufiger, als wir annehmen – ist das Selbst nicht mehr »würdig«, einen Rat zu geben auf die Frage: »Was meinst denn *du*, geliebtes Selbst, dazu?«

Das ist »Nachfolge«!

Bei Jesus ist »Nachfolge« weit mehr als »Jüngerschafts-*Lehre*«. Wer Jesus nachfolgen möchte, ist zu engster Verbundenheit mit ihm eingeladen! So hat es Jesus gemeint! Als er, sich selbst verleugnend, zum Tod am Kreuz erniedrigte, da hat er sein Leben als »Lösegeld« gegeben (Markus 10,45). Aber das Ziel war nicht, uns einfach »freizukaufen«. Sondern Jesus war und ist darauf aus, uns als von Sünde, Tod, Teufel und auch aus der Sklaverei des eigenen Selbst Losgekaufte zu *seinem Eigentum* zu machen. Das war es, was Luther in seinem »Kleinen Katechismus« eingeprägt hat: »... auf dass ich sein Eigen sei und in seinem Reich unter ihm lebe und ihm diene in ewiger Gerechtigkeit, Unschuld und Seligkeit, gleichwie er ist auferstanden vom Tode, lebt und regieret in Ewigkeit!«

Der sechs Jahrzehnte lang im oberbergischen Nümbrecht tätige Seelsorger Pfarrer Jakob Gerhard Engels (1826–1897) schrieb einmal zum Psalmwort »Ich bin dein« (Psalm 119,94) die Auslegung: »Der natürliche Mensch sagt ‚Ich bin mein'! So denkt er, so redet er, so handelt er. Es ist die Frucht der Bekehrung, dass sich's umdreht und so wahr wird: ‚Ich bin dein'! Und nur da ist die Bekehrung von echter Art, wo diese gründliche Veränderung stattfindet und das ‚ich bin mein' sich verwandelt in das ‚ich bin dein, Herr'!«

Es ist ja in kühnen Träumen nicht zu überblicken, wofür Jesus bei denen sorgen will, die sein Eigentum sind. Einiges davon hat Jesus angedeutet: Wir brauchen uns nicht in Sorgen zu verzehren, denn wir gehören doch ihm, der für uns sorgt. Selbst wenn seine Leute vor Gerichte gezerrt werden, brauchen sie sich nicht zu sorgen, »wie oder was sie reden« sollen; »denn es soll euch zu der Stunde gegeben werden, was ihr reden sollt. Denn nicht ihr seid es, die da reden; sondern eures Vaters Geist ist es, der durch euch redet« (Matthäus 10,19f).

Es wäre doch jammerschade, wenn durch eine Haltung, die nur auf sich selbst fixiert ist, dem Zurechtbringer Jesus das verpfuscht würde, was er mit seinem Eigentum vorhat. Darum hat Jakob Gerhard Engels sich selbst in einem dreißigfachen »Ich will!« täglich unter anderem dies vorgehalten:

- Ich will mich nicht mehr rechtfertigen!
- Ich will mich weniger vor Menschen genieren!
- Ich will nur die Ehre meines Herrn suchen, nicht meine Ehre!
- Ich will alle hohen Gedanken von mir für ganz eitel halten!
- Ich will nur noch, wenn es ganz nötig ist, politische Urteile abgeben.
- Ich will mich beim Reden und Ermahnen vor nervöser Aufregung hüten!
- Ich will mich noch mehr beschränken in dem, was ich brauche.
- Ich will keinen Tag vorübergehen lassen, ohne jemandem eine Freude zu machen!
- Ich will mich darin üben, der Kleinste zu sein.
- Ich will nicht selbst Recht behalten; ich will nur dann eine Sache richtig stellen, wenn es nötig ist!
- Ich will durch und durch lauter werden.

Ich will keine Wetterfahne sein! Ich möchte erlöst werden von den Verstrickungen der Eigenliebe. Ich bitte darum, dass Jesus Gewalt über mich bekommt.

13 Ich werde leben!

Was kommt nach dem Tod?

Auf dem Konvent 1989 des Kirchenbezirkes Schorndorf hatten Pfarrer und Pfarrerinnen sich der Frage gestellt: »Was kommt eigentlich nach dem Tod?« Damals hatte Kardinal Ratzinger die Evangelischen herausgefordert. Den protestantischen Theologen hatte er »Denkfaulheit« vorgeworfen. Sie seien, so meinte er, fast alle auf die Theorie vom »Ganztod« hereingefallen. Sie hätten vergessen, dass der Mensch eine lebendige und unsterbliche Seele hätte. War er damit im Recht?

Nicht ganz! Denn auch unter der Schorndorfer Pfarrerschaft gab es Theologen, die auch nach dem Tod mit einem Weiterleben der Seele rechneten. Betroffen gemacht hat mich jedoch etwas anderes. Nämlich dass es unter Pfarrern so viele völlig verschiedene Anschauungen darüber gibt, was denn nun wirklich auf das Sterben folgt. Pfarrer müssen doch so oft an offenen Gräbern stehen. Sind denn alle, die verstorben sind, »in Gottes Hand«? So hörte man es dann auch nach der Tsunami-Katastrophe so oft aus dem Mund von Kirchenleuten. Vor allem: Was heißt das überhaupt? Sind denn alle Verstorbenen »in Abrahams Schoß«? Oder können auch Verstorbene »in der Hölle und in der Qual« sein (vgl. Lukas 16,22f)? Oder bleibt es nach wie vor dabei, was im alten württembergischen Konfirmandenbuch als »vornehmste Sorge eines Christen in diesem Leben« bezeichnet war. Die Antwort darauf lautete: »Dass er haben möge eine gewisse Hoffnung des ewigen Lebens!«

Ich werde nicht sterben, sondern leben

»Ich werde nicht sterben, sondern leben« (Psalm 118,17). Das ist eine prophetische Ankündigung, die auf Jesus bezogen ist. Sie gilt nicht einfach jedem Menschen. Weil sie jedoch Jesus gilt, konnte er über den »Seinen« verfügen: »Ich lebe, und ihr sollt auch leben« (Johannes 14,19). Aus diesem Grund konnte der Reformator Martin Luther für sich gelten lassen: »Ich bin dein und du bist mein, und wo ich bleib, da sollst du sein, uns soll der Feind nicht scheiden« (Luther in seinem Choral »Nun freut euch, lieben Christen gmein«)!

Johann Albrecht Bengel hat schreiben können: »Die sich dem lieben Heiland ganz ergeben haben, kommen gleich nach ihrem Tode zu ihrem Herrn.« Dass sie irgendwie und irgendwo nach ihrem Ableben weiterexistieren werden, davon sind auch erstaunlich viele Nichtchristen überzeugt. Jean Jacques Rousseau (1712–1778), der Vordenker der Aufklärung, sah diese weit verbreitete Vermutung als entscheidenden Baustein einer allgemeinen »Zivilreligion« an. Die so genannten »Freidenker« der Neuzeit setzten jedoch dagegen: »Mit dem Tod ist alles aus!« Wer von ihnen hat nun Recht? Worauf ist Verlass?

Auch die Christen hätten gerne von Jesus konkretere Auskünfte darüber gehabt, wie es denn nach dem Sterben weitergehen wird – mindestens bei denen, die durch den Glauben mit ihm verbunden sind. Denn Jesus hatte ihnen doch verlässlich zugesagt: »Wer an mich glaubt, der wird leben, auch wenn er stirbt« (Johannes 11,25). Wird bei den Glaubenden der Zustand nach dem Sterben wie ein Schlaf sein? Wie lange soll denn dann dieser Schlaf dauern? Wird man bei diesem Schlaf überhaupt keine Empfindung mehr haben? Oder wird man – wie durch ein Guckloch – etwas von dem mitbekommen, was die noch lebenden Angehörigen tun? Wird man die im Sterben schon vorausgegangenen Lieben erkennen? Wird man ihnen begegnen? Wird man mit ihnen Gemeinschaft haben können? Fragen über Fragen!

Die Frage »Was kommt nach dem Tod?« ist verwirrend. Vieles bleibt für Sterbliche unvorstellbar. Etwa: Wie soll denn das mit dem neuen Leib sein (vgl. 1. Korinther 15,35ff)? Wo, auf welchem weiten Feld, sollen sich denn all die seit Urzeiten Verstorbenen versammeln? Wie lange wird es denn dauern, bis bei jedem Menschen alle Fehler, jedes unnütze Wort zur Rechenschaft gezogen sein wird? Werden denn die einstigen Bewohner von Sodom noch einmal im Endgericht zur Verantwortung gezogen (vgl. Lukas 10,12)?

Uns Sterblichen fehlen meist die Voraussetzungen, um zu verstehen, was vor Gott real ist. Wer kann sich denn vorstellen, was Psalm 139,16 bezeugt: »Deine Augen sahen mich, als ich noch nicht gemacht war«? Und: »Alle Tage, die noch werden sollten und von denen keiner da war, waren in dein Buch geschrieben«? Wie soll man es sich denn vorstellen, was Gott dem Propheten Jeremia bezeugte: »Ich kannte dich, ehe ich dich im Mutterleibe bereitete« (Jeremia 1,5)? Bengel konnte sagen: »Die Seelen der Menschen, die alles Geheimnisvolle haben verstehen und erklären wollen, werden nach ihrem Sterben mit einem jämmerlichen Durst nach Wissen geplagt werden und sich je länger, desto tiefer in ihre eigenen Einfälle verwickeln.«

Offenkundig wollte Jesus keine allgemein gültigen Auskünfte über Gott und die Welt unter die Leute bringen. Er wollte auch nicht all die Fragen beantworten, die Menschen zum Thema »Jenseits« haben. Vielmehr wollte Jesus Menschen zu den »Seinen« machen. Diesen »Seinen« wollte er sich dann »offenbaren«, nicht der Welt (vgl. Johannes 14,21f). Allein die Seinen sollten das Wichtigste mitgeteilt bekommen. Es wird also nach Falschem gefahndet, wenn von Jesus allgemein gültige Auskünfte über die Zukunft des Menschen nach dem Tod erwartet werden.

Vermutlich befremdet das viele. Aber die Evangelienberichte der Bibel machen wieder und wieder deutlich: Jesus hat ständig Überraschungen bereit. Bei ihm musste man sich schon in den Tagen seines irdischen Wirkens daran gewöhnen, in Vielem total umzudenken. Viele Evangelienberichte sind auf den Ton gestimmt: »Es ist alles entschieden anders, als ihr denkt« (siehe etwa Lukas 9,43-45; 46-48; 49f; 51-55; 57-62)! Jesus hat nun einmal andere Anliegen als alle Menschen. Er hat andere Schwerpunkte und andere Gesichtspunkte, als wir Menschen sie normalerweise haben. Seine Auskünfte sind oft so befremdlich, dass sogar gutwillige Nachfolger sich verwundern.

Wir müssen also lernen, von Jesus aus zu denken. Eine »Logik« des Christenglaubens ist auf Jesus aufzubauen. Er ist die Hauptperson des Glaubens. Weil Jesus den Seinen zugesagt hat: »Ich lebe, und ihr sollt auch leben« (Johannes 14,19) gilt nicht nur ihm, sondern auch den »Seinen«: »Ich werde nicht sterben, sondern leben!« Das ist die schlichte Logik des Christusglaubens: Weil Jesus lebt, darum werden auch die Seinen, die zu ihm gehören, leben!

Von Jesus aus denken

Bewusst wegzulegen sind also alle so nahe liegenden Vorstellungen, wie wir sie uns vom Leben nach dem Sterben in unseren Träumen ausmalen. Es gilt auch, sich frei zu machen von Theorien, die seit Jahrtausenden von klugen Menschen vorgeschlagen oder gar gelehrt wurden, vor allem von Vorstellungen im Hinblick auf Seelenwanderung, Wiederverkörperung und andere Wiedergeburtslehren fernöstlicher oder esoterischer Herkunft. Vielmehr sollen Kopf und Herz frei werden dafür, ganz und gar umdenken zu können. Christenmenschen sollen lernen, von Jesus aus zu denken.

Es ist müßig, darüber zu spekulieren, wie es denn mit der menschlichen »Seele« nach dem Sterben weitergeht. Schließlich ist doch das Bindeglied für die Gemeinschaft, die wir schon im Leben mit Jesus haben können, nicht so etwas wie eine »Seele«, auch nicht nur mein im Grab zerfallender Körper, sondern mein gar nicht zu fassendes und zu beschreibendes »Ich«. Dieses »Ich« war Gott schon bekannt, ehe ich im Leib meiner Mutter zur Lebensfähigkeit heranwuchs (vgl. Psalm 139,13-16).

Beim Nachdenken über das, was Jesus die Menschen wissen lassen wollte, muss mit Jesus angefangen werden, nicht mit der »Seele«. Von Jesus kann man Entscheidendes wissen. Gott hat ihn nicht im Tod gelassen. Dafür gab es Zeugen. Darum war dies elementare Gewissheit der Urgemeinde: »Der Tod konnte Jesus nicht festhalten« (Apostelgeschichte 2,24.31)! »Wir wissen, dass Christus, von den Toten erweckt, hinfort nicht stirbt; der Tod kann hinfort nicht über ihn herrschen« (Römer 6,9). Diesem Christus, »der von den Toten auferweckt ist«, »gehören« die an Christus Glaubenden »an« (Römer 6,7,4). Dieser Jesus war und ist dazu bestimmt, Heiland von Verlorenen zu sein. Er ist gekommen, um die zu erlösen, die aus Furcht vor dem Tod im ganzen Leben Sklaven ihrer Angst sein müssen (vgl. Hebräer 2,15). Durch die Auferstehung des Christus Jesus von den Toten sind damit auch die mit Jesus Verbundenen »wiedergeboren zu einer lebendigen Hoffnung« (vgl. 1. Petrus 1,3.9).

Dieser Jesus, der sein Leben für Sünder in den Tod gegeben hat (vgl. Jesaja 53,12), ist nicht dem Tod und der Verwesung überlassen worden! Der Retter, der für Sünder sein Leben gegeben hat, gibt nun den durch ihn Erretteten auch Anteil an seinem Auferstehungsleben. So will es Gott, dass die, die Jesus gehören, am Leben und damit an seiner Gerechtigkeit Anteil haben sollen.

»Wir haben an Christus Anteil bekommen« (Hebräer 3,14). Damit wird das tiefste Wesen der Christengewissheit ausgesprochen. Jesus hat nun einmal dies zu seinem Hauptanliegen gemacht, dass Menschen ihm »gehören«. Und zwar sollen sie ihm ganz und richtig »gehören«! Für sie gilt dann auch: »Sie werden nimmermehr umkommen und niemand wird sie aus seiner Hand reißen« (Johannes 10,28). Konsequent hat dann der Apostel Paulus diese Zusage so gedolmetscht: »Keiner von uns lebt für sich selber, und keiner stirbt sich selber. Leben wir, so leben wir dem Herrn; sterben wir, so sterben wir dem Herrn. Darum: Wir leben oder sterben, so sind wir des Herrn. Denn dazu ist Christus gestorben und wieder lebendig geworden, dass er über Tote und Lebende Herr sei« (Römer 14,8f).

An Christus Glaubende leben also nicht nur für ihren Beruf, noch nicht einmal in erster Linie für ihre Angehörigen. Angehörige und sinnerfüllte Berufsaufgaben sind schöne Zugaben des Lebens, genauso wie auch Erfahrung, Erfolg, Wissen, Reisen, Herausforderungen, Sexualität, Arbeitskraft und Begabungen. Aber von all diesen Bereichen müssen sich Menschen – spätestens mit dem Älterwerden – auch wieder verabschieden. Sie müssen das Meiste von all dem, was das Leben lebenswert macht, schmerzlich »ablegen«. Sie müssen es weggeben. Auch das gehört zum so sehr geliebten »Leben«. Gehört aber auch das ewige Verzichten auf die Angehörigen dazu?

Zur Zeit des Neuen Testaments haben die Sadduzäer fanatisch bestritten, dass man im Jenseits seine Angehörigen wiedersehen wird. Doch Jesus hat ihnen nicht zugestimmt. So kann also durchaus etwas dran sein an dem Wort, das unter Christen so oft als Trost zitiert wird: »Christen sehen sich nie zum letzten Mal!« Eindeutig hat Jesus jedoch allein dies klargestellt: »*Ich* will euch wieder sehen, und euer Herz soll sich freuen, und eure Freude soll niemand von euch nehmen« (Johannes 16,22). Dieses Wiedersehen soll den »Seinen« wichtiger sein als alles noch so sehr ersehnte Wiedersehen mit ihren Lieben. So hat es doch Jesus gemeint, als er sagte: »Wer Vater und Mutter, Tochter oder Sohn *mehr* liebt als mich, der ist meiner nicht wert« (Matthäus 10,37; vgl. damit auch 8,21f). Als Leute des Christus sollen Christen doch nicht das erstreben, was *ihnen* wichtig ist, sondern vielmehr das, was *Jesus* wichtig ist (vgl. Philipper 2,21). Auch darin werden viele Christen umdenken müssen.

Sich auf Jesus freuen

»Wir werden *ihn* sehen« (1. Johannes 3,2)! Das ist die zentrale Gewissheit von Menschen, die Jesus gehören wollen. Jesus will, dass die bei ihm sein sollen, die der Vater ihm gegeben hat, damit sie die Herrlichkeit sehen, die der Vater ihm gegeben hat (vgl. Johannes 17,24).

Normalerweise sehen Menschen den Tod als das Persönlichste, als das Privateste überhaupt an. Sie können den Tod mit niemandem teilen. Niemand kann ihnen den Tod abnehmen. »Da tritt kein andrer für ihn ein, auf sich selber steht er da ganz allein« (Schiller). Anders jedoch ist es bei denen, die Jesus gehören. Für sie hat Jesus als »Anfänger und Vollender« schon längst die ganze Verantwortung übernommen. Bei ihnen muss er nicht erst im Sterben »an

Bord kommen«. Bei ihnen muss er nicht erst in ihrer Todesnot in letzter Minute als Retter auf ihr »Trittbrett« aufspringen. Er ist doch – hoffentlich – bei ihnen schon lange dabei! Es ist doch nun *seine* Sache, *seine* Angelegenheit, dass die Seinen auch im Tod nicht der Todesmacht und der Verwesung samt dem Vergessen und Vergehen ausgeliefert sind, sondern *ihm*. Es ist *seine* Sorge, wie es mit den Seinen nach dem Sterben weitergeht. Feierlich hat Jesus dies erklärt, dass er wiederkommen und die Seinen zu sich nehmen will, damit sie seien, wo er ist (vgl. Johannes 14,3).

Das ist es, was Jesus will! Das ist es, was er mit den Seinen vorhat! Sie sollen sich auf *ihn* freuen können, auch wenn es ihnen vielleicht gar nicht danach zumute sein sollte, sich »auf die Ewigkeit« zu freuen (vgl. 1. Petrus 1,8f). Sie können gewiss gespannt darauf sein, was der Jesus, der sie zu den Seinen gemacht hat, auch nach ihrem Sterben an ihnen tun wird.

Aber *noch viel mehr* sollten Christen um der Ehre ihres Heilandes willen auf sein letztes Kommen gespannt sein! Wie unvorstellbar wird das sein, wenn Jesus wiederkommen wird (vgl. 1. Thessalonicher 5,13ff). Der kommende Sieg des Christus über alle Verderbensmächte ist wichtig! Er ist eben auch der Vollender nicht nur ihres persönlichen Heils, sondern auch des ganzen Planes Gottes mit dem Universum.

Gerade heute sind jedoch auch viele Christen fixiert auf die Frage, wie es denn weitergehen wird, wenn sie einmal die Augen endgültig geschlossen haben. Darum gehören sie wachgerüttelt: »Leute, denkt doch ein bisschen weiter! Es geht doch weit darüber hinaus! Ihr gehört doch Jesus, dem Christus Gottes, dem Heiland der Welt! Darum dürft ihr doch nicht bloß mit der Frage beschäftigt sein, wie es denn nach eurem Sterben weitergeht und wie dann eure Seele weiterexistiert! Es muss euch doch noch viel mehr umtreiben, wie es mit Jesus und mit seiner Sache weitergeht!«

Christen, die zur ewigen Gemeinschaft mit Jesus berufen sind (vgl. 1. Korinther 1,9), sollten in erster Linie darauf gespannt warten, dass »alles wird vor ihm sich beugen und auch der letzte Feind wird schweigen. Ja, Jesus siegt!« (Johann Christoph Blumhardt). Sie sollten auf den kommenden »Tag«, auf den kommenden Triumph des Christus Jesus warten, weil sie »seine Erscheinung lieb haben« (2. Timotheus 4,8)! Es sollen doch einmal an seinem großen »Tag« alle seine Feinde zum Schemel seiner Füße gelegt werden! Auch und erst recht der Tod, der ‚letzte Feind' (vgl. 1. Korinther 15,24-26)!

Das ist der Grundton im wohl ältesten aller apostolischen Briefe der Bibel: Wichtig ist, dass der Herr kommt und dass wir dafür bereit sind, nämlich nüchtern und wach bleiben. Denn wir sollen, ob wir nun (an seinem kommenden »Tag«) »wachen« (am Leben sein werden) oder schlafen (verstorben sein werden), »zugleich mit ihm leben« (vgl. 1. Thessalonicher 4,13ff; 5,1-11). Das ist der einzige Grund für eine Hoffnung, die über den Tod hinausgeht. Alle anderen Hoffnungen sind Trug. Vielmehr muss es unausdenkbar schrecklich sein, an jenem »Tag« nicht Jesus zu gehören. Dass das so oft verschwiegen wird, ist die Not mancher volkskirchlicher Bestattungspraxis.

Wenn Jesus wiederkommen wird, wird er Gottes neue Welt bringen. Aber zuvor wird er »seine Auserwählten sammeln« (Matthäus 24,31)! Dann wird Jesus endgültig wahr machen: »Ich lebe, und ihr sollt auch leben« (Johannes 14,19). Das wird wesentlich *mehr* sein, als dass es »irgendwie weitergeht«. »Wir sind gespannt auf Jesus!« Das ist es, wozu Christen einander ermutigen. Erst recht heute!

Ich will keine Wetterfahne sein! Ich will nicht neugierig sein auf das, was so genannte Sterbeforscher und andere Verharmloser des Todes zu wissen glauben. Ich möchte zu denen gehören, die eine gewisse Hoffnung des ewigen Lebens und der kommenden Welt Gottes haben. Denn auf Jesus ist Verlass und er hat den Seinen zugesagt: »Ich will euch wiedersehen!« und »Mir ist gegeben alle Gewalt im Himmel und auf Erden!«

14 In das Reich Gottes einladen – aber nicht auf die »leichte« Tour

Durch viel Schweres in das Reich Gottes

Ein Trauerkloß bin auch ich nicht. Ich möchte auch kein Spielverderber sein. Aber die Einladung hin zu Jesus ist doch noch einmal etwas anderes als ein buntes Unterhaltungsprogramm. Ist denn das geradezu hektische christliche Bemühen um Frohsinn dem Ruf des Christus Jesus angemessen: »Folge mir nach! Her zu mir!«? Sind denn die meisten der mit großem Aufwand poppig und fetzig gestalteten Gottesdienste und Evangeliumsversammlungen wirklich auf die Menschen unserer Tage zugeschnitten? Wer genau zusieht, der weiß, dass diese doch meist mit sehr viel Belastendem nicht fertig werden. Was sie brauchen, ist Seelsorge, nicht »gospel light«!

Wer in das Reich Gottes einlädt, der muss sich an Jesus und an seinen Aposteln messen lassen. Jesus hat klar gemacht: Er ist nicht dazu in die Welt gekommen, um Menschen das Leben und erst recht das Sterben leicht und rosarot und schmerzfrei zu machen. Vielmehr ist er gekommen, damit die Seinen nicht eine Beute der Vergänglichkeit und der Hölle bleiben müssen. Sie sollen erlöst werden. Wer ihm dabei nachfolgen will, der soll sich selbst verleugnen und das Kreuz auf sich nehmen und sich zu *ihm* halten.

So hat es Jesus klar festgelegt (vgl. Matthäus 16,24). Viele würden am liebsten Jesus korrigieren, damit es heißen könnte: »Wer Jesus nachfolgen will, der wird bei Jesus große Wunder erleben! Jesus wird jedem zu dem verhelfen, was er gerne erfahren hätte. Jesus wird am Ende, wenn es denn einmal kommen muss, dafür sorgen, dass jeder, der zu ihm gehört, wunschlos, ohne langes Leiden, gesund sterben darf!«

Auch die meisten Apostel hätten sicher die Stirn gerunzelt, wenn sie manches von der heutigen kirchlichen Werbung für den Glauben mitbekommen hätten. Ich denke etwa an Paulus und Barnabas. Deren erste große Missionsreise führte durch gefährliche Gebirgsschluchten sowie über sich endlos dehnende sonnendurchglühte Wüstenplateaus. Durst quälte sie. Sandstürme nahmen jede Sicht und machten die Augen krank. Räuberbanden lauerten ihnen auf. Vor allem aber wurden die Boten des Christus verfolgt, von einer Stadt zur anderen. Sie wurden ausgelacht, gehasst, gesteinigt, weggejagt.

Am Ende dieser Missionsreise hätten sie eigentlich aufatmen müssen: »Wir sind noch einmal davongekommen!« Doch da hatten sie ganz andere Gedanken: »Wir müssen noch einmal zurück! Wir müssen! Wir haben es ihnen vielleicht nicht klar gemacht, dass man in das Reich Gottes nicht hineinsegelt wie auf Luftkissen oder auf ‚fliegenden Teppichen' – über alle Niederungen und Widrigkeiten des Lebens hinweg! Vielleicht erwarten sie von Jesus vor allem Heilungen, Bewahrungen und Wunder. Aber ‚wir müssen doch durch viele Bedrängnisse in das Reich Gottes eingehen' (vgl. Apostelgeschichte 14,22)! Durch viele Trübsal, durch viel Leiden, durch viel Widerstand hindurch!«

Das ist es, was auch Christen als Normalfall einkalkulieren müssen. Deshalb hatte Paulus seinen jungen Vertrauten Timotheus dazu aufgerufen: »Leide mit als ein guter Streiter des Christus Jesus« (2. Timotheus 2,3)! Vor allem sollte Timotheus den Christengemeinden noch einmal ganz klar machen: »Alle, die fromm leben wollen in Christus Jesus, müssen Verfolgung leiden« (2. Timotheus 3,12).

Christen werden nicht aus dem normalen Leben mit all seinen Widrigkeiten herausgeholt – und stattdessen schwuppdiwupp hineingerettet in die schützende Bewahrung der Engelscharen. Auch Christen müssen im ganz normalen Leben ausharren. Und das Leben ist nun einmal ein Kampf. Jesus holt seine Leute nicht einfach aus diesem Kampf heraus, um sie in eine sturmfreie Zone hineinzuretten. Es war des Herrn Jesus klar geäußerter Wille, den er

Gott betend vorgelegt hat: »Vater, ich bitte dich *nicht*, dass du sie aus der Welt nimmst« (Johannes 17,15). Das ist der Grund, weshalb es in das Reich Gottes durch viel Schweres geht.

Bedrängnisse gehören nun einmal zu dieser Welt

Es gibt im ganz normalen Leben Situationen und Konstellationen, in denen wir Menschen durch die Mangel gedreht werden. Da gibt es Verzweiflung über Kinder und Enkel und auch über uns selbst. Es gibt dumme Geschichten, in die wir ohne böse Absicht hineingeraten. Es gibt grässliche, kaum zu ertragende Schmerzen. Es gibt Sorgen, die uns so überfallen, dass wir kaum mehr durchatmen können. Es gibt so grauenvoll Schweres mitzuerleben, dass wir oft kein Wort des Trostes mehr finden, sondern nur noch mit den Betroffenen heulen können. Schon beim ganz normalen, organischen Altwerden wird uns enorm viel abverlangt. Wir müssen ein Stück nach dem anderen abgeben von dem, was uns lieb war und uns Freude machte: Reisen, Gesundheit, Gebrauchtwerden, Sexualität und manches mehr. Das Leben ist hart!

Walter Tlach hat es uns württembergischen Christen mahnend ins Gewissen geredet: »Heute wird viel zu viel Halleluja angestimmt. Aber das Halleluja kommt erst, wenn Gott sein Reich eingenommen haben wird. Sogar bis dahin, dass wir einmal vor dem Richterstuhl des Christus stehen werden, bleibt es für uns beim ‚Kyrie eleison'! Beim ‚Herr, erbarme dich'!«

Anfechtung gehört zum Leben. Verzweifelte Situationen gehören zum Leben. Schrecken gehören zum Leben. Pannen gehören zum Leben. Erschrecken über sich selbst und über die eigene Ohnmacht gehören zum Leben. Das alles ist nicht pauschal dem Teufel in die Schuhe zu schieben. Sondern so ist nun einmal das Leben in einer »gefallenen Welt«. In ihr ist eben nun einmal sogar das Großartigste, was es unter Menschen gibt, mit Schmerzen und Ängsten verbunden: nämlich dass eine Mutter Kindern das Leben schenken kann, so wie jedem von uns das Leben geschenkt wurde. In einer »gefallenen Welt« gehört es auch zum ganz Normalen, dass das Arbeiten-Können auf dem dornigen Acker der Welt mit dem Schweiß des Angesichts verbunden ist. Noch schlimmer als dieses Schaffen im Schweiß des Angesichts ist eigentlich nur noch, dass ein Mensch gar nicht mehr arbeiten kann oder keine Arbeit mehr findet.

Erst recht ist Christsein ein Kampf. Christen sind doch Fremde im gnadenlosen Herrschaftsbezirk des Teufels. Sie sind Außenseiter, Störenfriede, Quertreiber all dessen, was dem »Fürsten dieser Welt« wichtig ist. Er hat doch damals versucht, sogar Jesus auszuschalten, umzustimmen, abzuschrecken, stumm zu machen. Er wird es auch bei den Jesusgläubigen versuchen. »Christen müssen mehr leiden als andere Menschen!« So haben es Christen aus dem Gebiet der alten UdSSR gesagt. In solchen Leiden kühlt emotionale Begeisterung rasch ab. Alle Harmlosigkeit verfliegt im Nu, wenn die Schwierigkeiten kommen.

Es muss darum zu bitteren Enttäuschungen bei Glaubensanfängern kommen, wenn ihnen nicht auch dies deutlich gemacht wird: Es hat auch seinen Preis, zu Jesus gehören zu dürfen!

Die Klippe, an der viele scheitern

Menschlich ist es ja so verständlich, dass Menschen mitten in Bedrängnissen fragen: »Wie kann Gott so etwas zulassen? Hat er etwa nicht aufgepasst? Oder ist er etwa doch kein ‚lieber' Gott?«

Erst recht können so Menschen fragen, die mit Gott leben wollen. Der Beter von Psalm 73 hat offen zugegeben: »Ich war drauf und dran, so wie die Gottlosen zu sagen: Es hat doch absolut keinen Wert, auf Gott auch nur einen Tag länger zu setzen« (vgl. Psalm 73,11.13.15)! Immer wieder finden sich quer durch die Bibel solche verzweifelten Aufschreie, die auf den Ton gestimmt sind: »Lohnt es sich denn, mit Gott zu rechnen? Oder ist der ganze Glaube nichts als ein Schlag ins Wasser?«

Ich vergesse nicht jenen Sonntagmorgen, als unsere Familie die Schreckensnachricht erreichte: »Die liebe Tante Grete ist überraschend von ihren sechs kleinen Kindern weggestorben!« Damals war ich Theologiestudent in den ersten Semestern. Aber ich war drauf und dran, das Studium aufzustecken und meinen Kinderglauben aufzugeben. Was sollte denn alles Beten, alle Gottesdienstbesuche, ja all die schöne Mitarbeit in der Gemeinde, wenn Gott so Schreckliches nicht verhindern konnte oder gar wollte?!

Die Bibel geht immer wieder seelsorgerlich auf diese bedrängende Frage ein. Sie ist ja keine typische Frage von Gottlosen, sondern sie wird gerade von solchen Menschen gestellt, die angefangen haben, zu Jesus zu gehören. Sie haben sich nämlich ein Leben mit Jesus doch etwas anders vorgestellt: äußerlich bewahrt und innerlich erhoben. Nun hätte eigentlich helfen können, wenn sie für bare Münze genommen hätten, was Jesus von seinem himmlischen Vater erbeten hatte: »Nimm sie nicht aus dieser Welt weg, nimm sie nicht hinein in eine Schutzzone!« Aber von den Anfängen der Christenheit an wurde das immer wieder überhört und auch nicht richtig begriffen. Man meinte – und bei Licht betrachtet ist dies eigentlich eine geradezu heidnisch-religiöse Erwartung: »Ein Gott, wenn er wirklich ein Gott ist, muss seinen Anhängern auch Bewahrungen schenken, Heilungen, Hilfen. Er muss sie Wunder erfahren lassen. Er muss sie vor allen Widrigkeiten dieser Welt behüten!« In der Tat – das alles *kann* Gott. Nicht wenige haben es erfahren, auch ich selbst.

Aber im Normalfall will er mitten *in* den Widrigkeiten, mitten *in* den Belastungsproben Menschen dies erfahren lassen, was der Beter von Psalm 73 dankbar bekannt hat: »Du hältst mich bei meiner rechten Hand. Du leitest mich nach deinem Rat. Du nimmst mich am Ende mit Ehren an. ... Wenn mir gleich Leib und Seele verschmachtet (!!!), so bist du doch, Gott, allezeit meines Herzens Trost und mein Teil« (Psalm 73,23ff)! Mitten *in* Belastungsproben, mitten *in* Verzweiflungssituationen, ja mitten *in* den Schrecken des Todes kann Gott erfahren lassen, dass Menschen in seinen Händen sicher aufgehoben sein können (vgl. Lukas 23,46). So hat es Jesus erlebt. So will es Jesus auch die Menschen erleben lassen, die zu ihm gehören wollen. Das ist es auch, was ich selbst mitten in Zerreißproben erfahren habe.

Schon die großen Seelsorger der ersten Christenheit haben gemahnt: Niemand lasse sich aus dem Vertrauen zu Gott herausdrängen, weil er Schweres durchleben muss! Das erste Kapitel im Jakobusbrief ist ein Musterbeispiel dafür. In ihm ist viel von »Anfechtung« und »Versuchung« die Rede. Bei diesen biblischen Stichworten von »Versuchung« und »Anfechtung« dürfen wir nicht – wie man heute gern assoziiert – nur an Unmoralisches oder Schlüpfriges denken. Natürlich waren es auch Situationen voll »Versuchung«, als die Frau des Potifar den jungen Josef verführen wollte und als David von seinem Palast aus seine Augen lüstern spazieren gehen ließ. Das Wesentliche bei der Versuchung besteht aber darin, dass die Verbundenheit mit Jesus einem Belastungstest ausgesetzt wird, einer Zerreißprobe. Die aber soll durchgestanden, sie soll überwunden werden. Es soll hier nicht zu falschen Reaktionen kommen!

Denn wenn Christen in Bedrängnisse geraten, dann können auch sie ganz schnell völlig falsch reagieren. Der Apostel Jakobus hat solche Christen anschaulich beschrieben. Da sagen nämlich solche Leute, die furchtbar Schweres durchmachen müssen, ganz schnell: »Na ja, lieber Gott, jetzt ziehe ich eben die Konsequenz daraus, dass du dies alles in mein Leben geschickt hast! ‚*Du bist es doch, der mich versucht*' (vgl. Jakobus 1,13). Wenn du das alles zulässt, was mich so sehr belastet, dann ist es doch sicher okay, wenn auch ich auf Distanz zu dir gehe. Wenn du mich nicht mehr willst, will ich auch dich nicht mehr! Aber schließlich warst du es, der damit angefangen hat!«

Der Belastungstest muss jedoch nicht immer in schmerzhaftem Erleiden von Widrigkeiten bestehen. Er kann auch so aussehen, dass Christen an der Kirche und an den Mitchristen vieles entdecken, was sie stört, was ihnen nicht liegt, was ihnen nicht passt. Erst recht entdecken sie davon so vieles in unserer Welt und der heutigen Zeit. Sie kommen gar nicht mehr davon los, dass es so viel Enttäuschendes gibt, so vieles, was einem allen Mut und alle Lust nehmen will. So viel Menschliches, so viel Menschelndes! So wenig Gottesglanz, aber so viele Pannen, so viele Niederlagen, so viele vergebene Chancen. Man wird versucht, zu sagen: »Ach, ich gebe es auf! Was soll ich noch im Glauben weitermachen? Es bringt doch eh nichts!«

So sieht die Klippe aus, an der so oft Menschen scheitern, die fröhlich einen Anfang mit Jesus gemacht haben. Eigentlich hatten sie ja durchaus nicht vorgehabt, Jesus abzusagen und die Beziehung zu ihm einschlafen zu lassen. Aber dann kamen sie resigniert zu dem Schluss: »Wenn sogar Gott nicht ein bisschen mehr Sympathie für seine Sache zeigt, dann kann auch ich es ja etwas lockerer mit dem Christsein und dem Glauben angehen lassen! Wenn Gott sich nicht mehr ins Zeug legt, damit seine Sache überzeugender vertreten wird – ja, wenn er zulässt, dass die ganze Christenheit ein solcher Saftladen ist, dann muss ja auch ich nicht die Kastanien aus dem Feuer holen. Vielleicht legt ja Gott auf den Gottesdienstbesuch und auf den Zusammenhalt der Christen gar keinen so großen Wert, wie wir immer annehmen. Vielleicht nimmt Gott selbst das Christsein viel lockerer, als wir meinen, es nehmen zu müssen!«

Aber es ist nie Gott, der grünes Licht zum Abhängen gibt. Gott ermutigt nicht zur Lauheit. Diese Versuchungen kommen vielmehr aus dem eigenen Herzen! Da sind diese Stimmen zu Hause, die Stimmen der Mutlosigkeit, des Blasens zum Rückzug, der Aufruf zum Zürnen, zum Mosern an allem und jedem. So ist es doch auch im ganz normalen Leben. Tief drinnen in jedem Menschen ist so etwas wie eine schon längst gespannte Feder. Die kann im Nu ausgelöst werden und dann den absoluten Katzenjammer auslösen. Unter Freunden, zwischen Nachbarn oder in Ehen genügen doch oft Nichtigkeiten, die uns zum Unmut reizen. Aus dem Unmut wird rasch Zorn, Erbitterung, Hass. Schnell sind wir damit bei der Hand, Brücken abzubrechen, Verbindungen zu kündigen, auch die Verbindung mit Gott: »Wenn der nicht will, dann will auch nicht mehr!«

Solche Stimmen kommen aus unserm Innern. Darum machen die Seelsorger der Bibel klar: Den Schwarzen Peter darfst du nie und nimmer Gott zuspielen! »Von Gott kommt alle gute und alle vollkommene Gabe. Er ist der Vater des Lichts, bei ihm gibt es keine Finsternis« (vgl. Jakobus 1,17). Es gibt also Alternativen: Du könntest doch mitten in Dunkelheiten gespannt darauf warten, dass Gott sein Licht aufgehen lässt. Du könntest mitten in der Bedrängnis Großes von Gott erwarten. »Niemand soll sagen, wenn er versucht wird, dass er von Gott versucht wird.« Vielmehr soll er sagen: »Dir, Gott, will ich gehören! Auf dich will ich bauen! Ich will doch keine Wetterfahne sein. Ich möchte doch nicht dem leisesten Windzug nachgeben!«

Was wir auch in Schwierigkeiten von Gott erwarten können

Mitten in der Not, wenn man kaum mehr einen einzigen Satz zum Beten zusammenbringt, kann Gott angerufen werden: »Herr, jetzt lass mich erkennen, was du mir mit dem allem sagen willst! Lieber Gott, jetzt bin ich gespannt, was du aus der ganzen Misere und dem Durcheinander machst!«

Darauf sind Menschen vorzubereiten, die mit dem Glauben an Jesus angefangen haben. Das gehört zur Verantwortung derer, die andere Menschen zu Jesus einladen. Schließlich ist das Scheitern an Klippen nicht zwangsläufig. Gott kann es schenken, dass Menschen im Glauben wachsen, wenn sie die gefährlichen Klippen meistern. Das hat der Apostel Jakobus gemeint, wenn er von einem Glauben sprach, der »bewährt« sein kann. Es ist ein Glaube, der »Geduld wirkt«. Mit Geduld ist eine gespannte Erwartung auf Gottes Eingreifen gemeint. Und es ist ein Glaube, der sich in vertrauensvollem Gebet ausdrückt. So steht es im Jakobusbrief (vgl. Jakobus 1,3f.6-8).

Wer jedoch in schlimmen Bedrängnissen keinen einzigen Gebetssatz mehr zusammenzubringen vermag, der skizziere mit zwei Bleistiftstrichen auf einen Zettel Papier ein einfaches Zeichen: das

Kreuz des Herrn Jesus Christus. Das soll keine Magie, sondern ein Bekenntnis sein: Ich möchte doch diesem Jesus Christus gehören, der in der schauerlichsten Bedrängnis seines Sterbens gerufen hat: »Vater, in deine Hände befehle ich mich!« Dieser Jesus kann doch auch heute Menschen mit sich zum Vater nehmen, in die Geborgenheit seiner Hände!

»Dennoch bleibe ich stets an dir!« So hat einst der Beter von Psalm 73 Gott bekannt (Psalm 73,23). Da ist dann damals mitten im Verschmachten von Leib und Seele das Erstaunliche geschehen, dass in ihm eine merkwürdige Freude aufgebrochen ist. Sie hatte nichts mit einer poppigen Fröhlichkeit zu tun, wie sie im vorgefertigten Drehbuch christlicher Zusammenkünfte und Gottesdienste eingeplant werden kann. Vielmehr war diese Freude voll Staunen: Sogar in den Abgründen, im totalen Verschmachten kann man sich »in dem Herrn allewege« freuen (vgl. Philipper 4,4)!

Von dieser Freude bekannte der Beter von Psalm 73: »Das ist meine Freude, dass ich mich zu Gott halte, und meine Zuversicht setze auf Gott, den Herrn« (Psalm 73,28). *Diese* Freude hat es »in sich«. Das ist die Freude, die es wirklich »voll bringt«! Zu dieser »Freude am Herrn« sollen Menschen finden, die diese Freude noch nicht kennen. Mitten in den Belastungen des Lebens, in denen fast jeder normale Mensch steht, sollen sie beglückend erfahren können: »Dennoch bleibst du auch im Leide, Jesus, meine Freude!« Dazu sollen sie sich eingeladen wissen. Zu solcher Freude des Reiches Gottes im Heiligen Geist (vgl. Römer 14,17).

Ich möchte noch mehr als bisher richtig zu Jesus einladen. Zu ihm, der auch mitten im Leid meine Freude geworden ist. Noch mehr als bisher möchte ich darauf achten, dass zum Glauben gekommene Menschen keine Wetterfahnen werden müssen, die heute auf Jesus hin-, morgen jedoch von Jesus weg weisen.